SCHMECKENBECHER · SCHEUNGRAB

Kostenübersichtstabellen

Kostenübersichtstabellen

Gebühren und Kosten bei Anwalt und Gericht

Begründet von

Manfred Schmeckenbecher

fortgeführt von

Karin Scheungrab

Dipl.-Rechtspflegerin (FH)
Dozentin, KS Seminare, Seminare für die Anwaltskanzlei
Leipzig/München

27., überarbeitete Auflage, 2025

BOORBERG

Bibliografische Information der Deutschen Nationalbibliothek | Die Deutsche Nationalbibliothek verzeichnet diese Publikation in der Deutschen Nationalbibliografie; detaillierte bibliografische Daten sind im Internet über www.dnb.de abrufbar.

27. Auflage, 2025
ISBN 978-3-415-07720-1

Anfragen gemäß EU-Verordnung über die allgemeine Produktsicherheit (EU) 2023/988 (General Product Safety Regulation – GPSR) richten Sie bitte an: Richard Boorberg Verlag GmbH & Co KG, Produktsicherheit, Scharrstraße 2, 70563 Stuttgart; E-Mail: produktsicherheit@boorberg.de

Titelfoto: © Philip Steury – stock.adobe.com | Satz: Olaf Mangold Text & Typo, 70374 Stuttgart | Druck und Bindung: C. Maurer GmbH & Co. KG, Schubartstraße 21, 73312 Geislingen/Steige

Richard Boorberg Verlag GmbH & Co KG | Scharrstraße 2 | 70563 Stuttgart
Stuttgart | München | Hannover | Berlin | Weimar | Dresden
www.boorberg.de

Vorwort

Das lange intensive Ringen der Anwaltschaft um die Erhöhung der Gebühren nach dem RVG war endlich von Erfolg gekrönt.

Zum 01.06.2025 werden die Tabellen und auch die Betragsrahmengebühren linear angepasst. Die Gebührentabelle zu den PKH/VKH-Mandaten erhält – neben der Anhebung der Werte – nach oben drei Streitwertstufen mehr, die familienrechtlichen Mandate werden besonders belohnt durch die Anhebung einiger Mindestgegenstandswerte und mit strukturellen Änderungen, die in streitigen Fragen des RVG (endlich) für Klarheit und über die lineare Anhebung hinaus für eine nochmalige Anhebung der Gebühren sorgen.

Grund genug für eine komplett überarbeitete Neuauflage.

Der Tabellenteil wurde um zwei weitere Spalten in Höhe von 0,45 und 0,9 erweitert, die für die Bearbeitung der Mandate zum Forderungseinzug nötig geworden sind.

Auch mit der neuen Auflage möchte ich dieses Werk im ursprünglichen Sinn weiterführen: Als ein unverzichtbares Werkzeug auf jedem Schreibtisch der Anwaltskanzlei, zur sicheren Erstellung der Kostennoten, zur schnellen Beantwortung der Fragen des Mandanten nach dem Kostenrisiko und mit einem den Tabellen vorangestellten ausführlichen Prolog zur Anwendung des RVG.

Analog und damit gänzlich unkompliziert sowie unabhängig von www. und eventuellen technischen Schwierigkeiten.

Karin Scheungrab
München/Leipzig, im Mai 2025

Aus dem Vorwort zur 1. Auflage

Auf wie viel DM belaufen sich die Prozesskosten? Wie hoch ist das Prozesskostenrisiko? So fragt jeder nüchtern Denkende, bevor der Prozess beginnt: Dieses Büchlein gibt Antwort, und zwar (das ist sein besonderes Anliegen) auf den ersten Blick:

1. Die obere Hälfte jeder Seite bietet die fertige Anwaltskostenrechnung samt Entgelte für Post- und Telekommunikationspauschale und Umsatzsteuer, gesondert für alle Streitwertstufen bis etwa 2 Millionen DM und gestaffelt nach den einzelnen Tätigkeitsstationen. Der Rechtspfleger, die Anwaltssekretärin, der Kostensachbearbeiter der Versicherung, sie alle brauchen nicht lange herumzurechnen, sondern nur abzulesen und aufzuschreiben, lediglich die Extras muss man noch dazuzählen, zum Beispiel für Fotokopien (aber auch dazu gibt es auf der letzten Seite eine Tabelle).
2. Die untere Hälfte jeder Seite beantwortet die gerade an Anwälte und Richter immer wieder gestellte Frage: Wie hoch sind für einen bestimmten Prozess in etwa die gesamten Kosten für die Anwälte beider Seiten und für das Gericht? Diese in dieser Form gebotene Tabelle hilft zum Beispiel dem Richter, der nach einem mühsam ausgehandelten Prozessvergleich von den Parteien, bevor sie endgültig ja sagen, gefragt wird, wie viel die verschnörkelte Kostenregelung eigentlich im DM-Klartext ausmacht.

Inhaltsverzeichnis

Tabellen

1. Einführung

Das Rechtsanwaltsvergütungsgesetz – RVG – regelt grundsätzlich die Vergütung, konkret sowohl die Gebühren als auch die zusätzlich abzurechnenden Auslagen, für das gesamte Tätigkeitsfeld des Rechtsanwaltes[1]. Unberührt hiervon bleibt die Vergütung, die der Rechtsanwalt auf Grund einer besonderen Stellung als Insolvenzverwalter, Betreuer, Testamentsvollstrecker usw. zu erhalten hat, § 1 Abs. 2 RVG.

Anspruchsgrundlagen wie aus dem BGB bekannt, enthält das RVG – bis auf die Ansprüche des Pflichtverteidigers und des beigeordneten PKH/VKH-Rechtsanwalts – nicht. Das heißt, dass es bis auf diese Ausnahmen einer Regelung, eines Vertrages, zwischen Rechtsanwalt und Mandant als Anspruchsgrundlage bedarf. Dies wird im Regelfall ein **Dienstvertrag**, ein **Geschäftsbesorgungsvertrag** gem. § 611 i. V. m. § 675 BGB sein.

Unabhängig davon steht es jeder Anwältin, jedem Anwalt frei, Vergütungsvereinbarungen abzuschließen. In manchen Fällen ist dies, zumindest aus wirtschaftlicher Sicht und in ureigenem Interesse, Pflicht.

Für alle hier dargestellten Beispielsrechnungen gilt: Unabhängig von den Gebühren muss – wie immer – daran gedacht werden, Kopien, Fahrtkosten, Tages- und Abwesenheitsgelder und Auslagen wie z. B. Gerichtskosten zu berücksichtigen. Unabhängig hiervon gilt Nr. 7008 VV RVG: Die Umsatzsteuerpflicht des Anwalts.

2. Die Grundlagen der Streitwertberechnung

Maßgeblich für die Höhe der Wert- oder Pauschalgebühren ist neben dem Gebührensatz, welcher sich jeweils direkt aus der einzelnen Vorschrift des RVG ergibt, der Streit-, Geschäfts- oder Gegenstandswert.

---

1 Wenn ich hier von „dem Anwalt“, von „dem Mandanten“ oder von „dem Schuldner“ spreche oder schreibe, soll dies auf keinen Fall wertend sein: Die verkürzte Sprachform hat nur redaktionelle Gründe. Aus Gründen der besseren Lesbarkeit verwende ich bei Personenbezeichnungen und personenbezogenen Hauptwörtern in diesem Dokument oftmals die männliche Form. Entsprechende Begriffe gelten im Sinne der Gleichbehandlung grundsätzlich für alle Geschlechter.

Nachdem der Gebührensatz für die einzelne Tätigkeit des Rechtsanwalts feststeht, muss, um die anfallenden Gebühren so gut (d. h. im Sinne des Rechtsanwalts so hoch) als möglich, aber dennoch vertretbar abrechnen zu können, der Streitwert genauestens berechnet werden.

§ 13 RVG legt fest, dass sich die Anwaltsgebühren aus dem jeweiligen **Gegenstandswert** berechnen – und bestimmt damit den gesetzlichen Normalfall. §§ 22 ff. RVG regeln dessen Berechnung, wobei das RVG selbst – außer für die Zwangsvollstreckung, die Insolvenz und einzelne besondere Verfahrensabschnitte – keine Streitwertregelungen beinhaltet. Hier wird ganz elegant auf die Regelungen zur Berechnung der Gerichtsgebühren verwiesen.

Im Regelfall ist der **objektive Verkehrswert** maßgeblich, eine subjektive Einschätzung oder ein sogenannter Liebhaberwert sind ohne Bedeutung. Ebenso wichtig ist die **Höhe des bezifferten Anspruchs,** bzw. der **Auftrag der Partei**. Maßgebend für den Wert ist der Zeitpunkt der Entstehung, d. h. der Zeitpunkt, in dem der Rechtsanwalt die Tätigkeit vornimmt, die die Gebühr das erste Mal zur Entstehung gelangen lässt. Ändert sich der Gegenstandswert im Laufe der Tätigkeit, z. B. durch Klageerweiterung, teilweise Klagerücknahme, Änderung des Wertes des unveränderten Gegenstandes (z. B. Wertpapiere) oder Widerklage, so muss entsprechend darauf reagiert werden: Erhöht sich der Gegenstandswert im Laufe der Tätigkeit des Rechtsanwalts, so kann die Gebühr aus dem höheren Wert berechnet werden. Eine etwa auftretende Wertminderung muss nur für Gebühren berücksichtigt werden, die danach zur Entstehung gelangen. Betrifft die Tätigkeit des Rechtsanwalts in derselben Angelegenheit mehrere Gegenstände (z. B. objektive Klagehäufung), so muss bei der Wertberechnung deren Wert gem. § 22 RVG addiert werden. Gibt es keine Anhaltspunkte, so beträgt der Auffanggegenstandswert 5.000,00 €.

Oberstes Ziel muss immer eine möglichst exakte Streitwertbestimmung sein.

3. Grundzüge des RVG

Die Charakteristik der Pauschal-, Rahmen- und Wertgebühren

Unter Vergütung gemäß § 1 Abs. 1 RVG versteht der Gesetzgeber sowohl Gebühren als auch Auslagen. Im Einzelnen sind die nachfolgenden Gebührenarten zu unterscheiden:

a) Pausch- oder Pauschalgebühren

Hier erhält der Rechtsanwalt für eine Gesamtheit mehrerer Tätigkeiten = **Tätigkeitsbereich** (z. B. Betreiben des Geschäfts) oder für einen bestimmten Abschnitt des Verfahrens (z. B. Vertretung in der mündlichen Verhandlung) eine bestimmte Gebühr.

Die Pauschgebühr fällt an, sobald eine einzelne Tätigkeit aus diesem Tätigkeitsbereich vorgenommen wurde. Sie entsteht grundsätzlich nur einmal, d. h., eine weitere Tätigkeit aus derselben Tätigkeitsgruppe (= Gebührentatbestand) löst keine weitere Gebühr aus.

Ausnahme: Besondere und verschiedene Angelegenheiten im Sinne der §§ 17, 18 RVG.

Der Gegenstand, die Angelegenheit, wird durch die Erteilung des Mandats, den Auftrag, bestimmt und abgegrenzt.

b) Wertgebühren

Die Berechnung der Gebühren erfolgt unter Berücksichtigung von Streit-, Geschäfts- oder Gegenstandswert. Aus der Höhe dieses Werts kann nun anhand der Gebührentabelle die Höhe der jeweiligen Gebühr (z. B. 0,3; 1,0; 1,3; 1,2; 1,6) ermittelt werden.

c) Rahmengebühren

Im RVG gibt es neben der Systematik der Wertgebühren die der Rahmengebühren, bei denen die Höhe der Gebühren durch eine Mindest- und Höchstgebühr eingegrenzt ist. Dieser Rahmen wird entweder durch feste Gebührensätze, dann spricht man von einem **Gebührensatzrahmen**, oder von festen Beträgen, also von **Betragsrahmengebühren** (z. B. im Strafrecht) bestimmt. Innerhalb des Rahmens bemisst sich die Höhe der Gebühr gemäß § 14 RVG im Einzelfall unter Berücksichtigung aller Umstände, insbesondere des Umfangs und der Schwierigkeit der anwaltlichen Tätigkeit. Daneben werden die Bedeutung der Angelegenheit für den Mandanten und auch dessen Vermögens- und Einkommensverhältnisse berücksichtigt. Wenn die Rahmengebühren nicht nach dem Gegenstandswert berechnet werden, sieht der Gesetzgeber ein besonderes Haftungsrisiko als weiteren Aspekt vor. Das OVG Sachsen-Anhalt hat aktuell in seiner Entscheidung vom 30.07.2024, 2 O 64/24 bestätigt, dass die jeweiligen Kriterien des § 14 RVG selbständig und gleichwertig nebeneinander stehen. Für die Eröffnung des Ermessens zur Bestimmung eines höheren Gebührensatzes als 1,3 nach Nr. 2300 Satz 2 VV RVG genügt bereits eine geringfügige Überschreitung des Durchschnitts von Umfang oder Schwierigkeit der anwaltlichen Tätigkeit.

Die Gebühr wird vom Rechtsanwalt im jeweiligen Einzelfall nach billigem Ermessen bestimmt. Eine Abrechnung der Geschäftsgebühr sollte nicht verfrüht erfolgen: An das einmal ausgeübte Ermessen bei der Bestimmung der angefallenen Gebühren innerhalb des Gebührenrahmens nach § 14 Abs. 1 RVG ist der Rechtsanwalt gebunden. Denn die Ausübung des Ermessens ist Bestimmung der Leistung durch eine Vertragspartei und erfolgt nach § 315 Abs. 2 BGB durch Erklärung gegenüber dem anderen Teil. Da das Gestaltungsrecht durch seine Ausübung verbraucht ist, kann die Bestimmung, sobald die Erklärung wirksam geworden ist (§ 130 Abs. 1 BGB), nicht mehr geändert oder widerrufen werden. Die Abrechnung ist bindend, es sei denn, die Kostennote wurde als Vorschusskostennote gekennzeichnet oder eine eventuelle Erhöhung ausdrücklich und erkennbar vorbehalten.

Will der Mandant die Kostennote überprüfen lassen, hat jede Rechtsanwaltskammer für diesen Fall eine Schiedsstelle eingerichtet; § 73 Abs. 2 Ziff. 3 BRAO.

d) Festgebühren

Im RVG kommen in Ausnahmefällen außerdem Festgebühren zur Anwendung, d. h., die Höhe der Gebühren ist genau festgelegt. Dies gilt z. B. für die Gebühren im Rahmen der Beratungshilfe.

4. Konsumierung von Gebühren

Einen wichtigen Grundsatz bildet die „Konsumierung von Gebühren". Eine Teilgebühr wird von jeder gleichartigen höheren Teilgebühr oder der gleichartigen vollen Gebühr konsumiert, wenn diese (mehreren) Gebühren aus identischen Streitgegenständen oder Teilen des Gesamtstreitwertes entstanden sind. Dies entspricht dem Grundgedanken des § 15 Abs. 2 RVG.

5. Vergütungsvereinbarung

Die Regelung der anwaltlichen Vergütung per Vergütungsvereinbarung – individuell und ohne die Einschränkungen des Rechtsanwaltsvergütungsgesetzes – steht jeder Anwältin und jedem Anwalt frei und ist in manchem Mandat unerlässlich. Konkret sind jedoch die Vorgaben der §§ 3a bis 4b RVG und die Rechtsprechung des BGH zu den Formalien, Inhalten und einer möglichen Sittenwidrigkeit zu beachten.

6. Die richtige Abrechnung im Zivilrecht

Maßgeblich ist der Auftrag des Mandanten!

Das Maß der Dinge ist der Auftrag des Mandanten. Nur dann, wenn dieser nicht nur konkret erteilt, sondern auch detailliert festgehalten ist, kann eine Abrechnung richtig und fehlerlos erstellt werden. Damit ist bereits zu Beginn des Mandates zu unterscheiden und festzuhalten: Möchte der Mandant lediglich beraten werden, soll der Anwalt, die Anwältin nach außen vertreten oder ist der Mandant „wild entschlossen" Klage einzureichen, Scheidungsantrag zu stellen o. Ä.?

Wenn und solange kein Prozessauftrag vorliegt, können die Gebühren des Teils 3 des VV zum RVG (noch) nicht abgerechnet werden; Vorbem. 3, Abs. 1 VV RVG. In Frage kommen dann die Gebühr für die Beratung gem. § 34 RVG oder die Geschäftsgebühr gem. Nr. 2300 ff. VV RVG. Daneben kann auch die Einigungsgebühr gem. Nr. 1000 ff. VV RVG anfallen.

a) Tätigkeit des Anwalts ohne Prozessauftrag

aa) Außergerichtliche Tätigkeit: Beratung und Erstberatung

Für alle Beratungstätigkeiten sind seit dem 01.07.2006 die gesetzlichen Gebührenvorschriften entfallen, § 34 RVG wurde eingeführt. In diesen Fällen muss der Rechtsanwalt auf eine Gebührenvereinbarung hinwirken; ist eine solche nicht vereinbart, muss nach BGB abgerechnet werden. Maßgeblich ist nach § 612 BGB die ortsübliche Vergütung. Wird keine Vergütungsvereinbarung geschlossen, beträgt die Gebühr für die Beratung eines Verbrauchers max. 250,00 € netto. Bleibt es bei einem ersten Beratungsgespräch, kann maximal der Betrag von 190,00 € netto abgerechnet werden.

Die wohl h. M. bejaht die Erhöhungsmöglichkeit der Beratungsgebühr gem. Nr. 1008 VV RVG.

Kann im Rahmen der Beratung eine gütliche Erledigung der Parteien im Sinne der Nr. 1000 VV RVG erreicht werden, kann neben der Beratungsgebühr nach § 43 RVG eine Einigungsgebühr abgerechnet werden; Vorbem. 1 VV RVG.

Zu dem Tätigkeitsfeld der Beratung gehört auch die Erstellung von Rechtsgutachten. Wird hierfür keine Honorarvereinbarung getroffen, so kann für außergerichtliche Beratung und auch Ausarbeitung eines schriftlichen Gutachtens für einen Verbraucher jeweils nur eine Höchstgebühr von 250,00 € abgerechnet werden.

Auch die Erstellung von Testamenten, Vorsorgevollmachten oder Patientenverfügungen lässt (nur) die Beratungsgebühr, noch nicht die Geschäftsgebühr anfallen. Hier ist also dringend eine Vergütungsvereinbarung abzuschließen.

Zusammenfassung:

- Es gibt keine gesetzliche Mindestgebühr für die Beratung – weder für die Beratung eines Verbrauchers noch für die Beratung des Unternehmers.
- Für die Beratung eines Unternehmers liefert das RVG keinerlei Anhaltspunkte.
- Die Gebühr für die Beratung des Verbrauchers – wenn es sich nicht um eine Erstberatung handelt – ist auf max. 250,00 € netto gedeckelt – und das unabhängig vom Gegenstandswert!
- Handelt es sich bei der Beratung um eine Erstberatung für einen Verbraucher, können max. 190,00 € netto abgerechnet werden.
- Die Gebühr für die Erstellung eines Gutachtens für einen Verbraucher ist auf max. 250,00 € netto gedeckelt, auch hier unabhängig vom Gegenstandswert.

bb) Außergerichtliche Tätigkeit im Inkassomandat: Geschäftsgebühr

Was ist unter einer Inkassodienstleistung zu verstehen? Der Gesetzgeber definiert in § 2 RDG: „Einziehung fremder oder zum Zweck der Einziehung auf fremde Rechnung abgetretener Forderungen als Forderungseinziehung in der Form eines eigenständigen Geschäfts“ und ergänzt um die Frage, ob eine rechtliche Prüfung im Einzelfall nicht erforderlich ist (§ 2 Abs. 1 vs. Abs. 2 RDG) oder nicht. Ist eine Rechtsprüfung (noch) nicht erforderlich, weil der Schuldner sich auf die Gläubigermahnungen zum Zeitpunkt der Auftragserteilung nicht gemeldet hat, liegt zunächst nur eine Inkassodienstleistung vor. Das kann sich im Laufe des Mandates aber auch ändern.

Maßgeblich ist also nicht, wer tätig wird, sondern welche Dienstleistung erbracht wird.

Im Ergebnis ist festzustellen, dass in jeder Kanzlei – und nicht nur in Inkassounternehmen – Inkassomandate erteilt werden.

Die folgende Grafik soll etwas Licht in die komplexen Regelungen bringen:

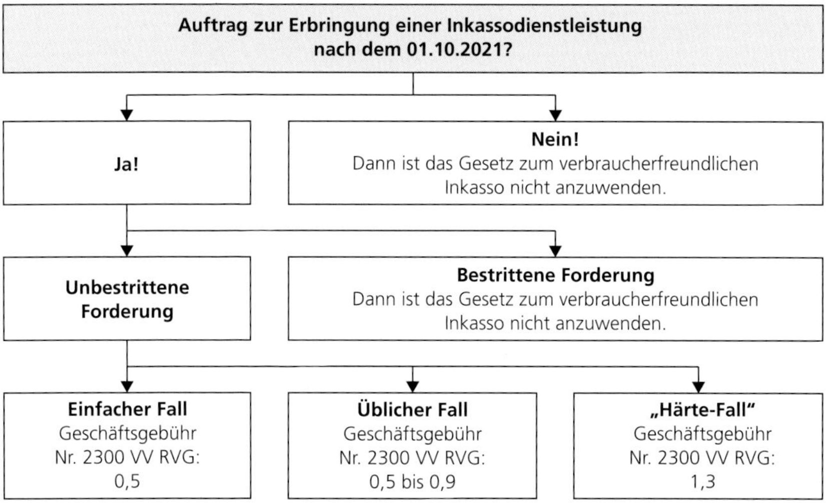

Es ergibt sich also folgende **Staffelung der Geschäftsgebühr** bei **unbestrittenen Forderungen**:

Einfache Fälle, d. h. Zahlung erfolgt innerhalb von zwei Wochen nach der ersten Zahlungsaufforderung 0,5

Grundsätzlich 0,9

„Harte“ Fälle, d. h. Inkassodienstleistung war besonders umfangreich oder besonders schwierig, maximal 1,3

Einfacher Fall

Gemäß Abs. 2 Satz 2 der Anm. zu Nr. 2300 VV RVG kann in einfachen Fällen eine Gebühr von nur 0,5 gefordert werden; ein einfacher Fall liegt in der Regel vor, wenn die Forderung auf die erste Zahlungsaufforderung innerhalb von zwei Wochen beglichen wird. Diese Konkretisierung mit Fristsetzung erfolgte durch das Kostenrechtsmodernisierungsgesetz 2025. Leider wurde ein konkreter Fristbeginn nicht geregelt, so dass mit Diskussionen bis zum BGH zu rechnen ist. Ich werde die Zahlungsfrist von zwei Wochen vom Datum der Zahlungsaufforderung an berechnen. Für die Praxis heißt dies: In der ersten Zahlungsaufforderung wird die Geschäftsgebühr in Höhe von 0,5 angesetzt, die sich im zweiten Aufforderungsschreiben auf 0,9 erhöht.

Ich empfehle einen konkreten Hinweis auf die Erhöhung der Geschäftsgebühr auf 0,9, sobald die Zahlung erst nach dem im ersten Schreiben genannten Zahlungsziel erfolgt.

Der Gesetzgeber geht davon aus, dass auch in folgender Konstellation ein lediglich einfacher Fall vorliegt: Auf die erste Zahlungsaufforderung hin wird eine Zahlungsvereinbarung getroffen, die der Schuldner vereinbarungsgemäß erfüllt. Der Mehraufwand für den Abschluss der Teilzahlungsvereinbarung wird, so der Gesetzgeber, ausreichend durch die Einigungsgebühr abgegolten.

Durchschnittsfall

Im Rahmen des Gesetzgebungsverfahrens (BT-Drucksache 19/20348, S. 63) hat der Gesetzgeber den durchschnittlichen Fall anhand folgender Kriterien bestimmt:

- Im konkreten Einzelfall erfolgt lediglich eine Schlüssigkeitsprüfung anstelle einer rechtlichen Prüfung.
- Der Schuldner wird schriftlich und oder telefonisch gemahnt.
- Es findet eine Zahlungseingangsüberwachung statt.
- Es besteht kein Beratungsbedarf.
- Eine Adressermittlung.
- Die Überwachung einer Ratenzahlungsvereinbarung mit nur einigen Raten.
- Die Tätigkeiten können standardisiert, wenn nicht automatisiert werden.
- Die Tätigkeiten werden nicht durch Rechtsanwälte oder sachkundige Personen, sondern nur unter deren Aufsicht erbracht.

Bei Mehraufwand, der auch erforderlich ist, kann die Geschäftsgebühr mit mehr als 0,9 angesetzt werden.

Die einem gerichtlichen Mahnverfahren vorangehende vorgerichtliche Tätigkeit ist wohl regelmäßig mit 0,9 zu bewerten, da das Verfahren gem. § 688 ZPO nur dann sinnvoll ist, wenn mit Widerspruch nicht zu rechnen ist.

Überdurchschnittlich

Eine Gebühr von mehr als 0,9 kann nur gefordert werden, wenn die Inkassodienstleistung besonders umfangreich oder besonders schwierig war. Im Unterschied zu Abs. 1 der Anm. zu Nr. 2300 VV RVG stellt Abs. 2 der Anm. zu Nr. 2300 VV RVG darauf ab, dass die Inkassodienstleistung besonders umfangreich oder besonders schwierig war. Wann kann die Inkassotätigkeit als überdurchschnittlich bezeichnet werden? Dies ist m.E. und unter Berücksichtigung der BT-Drucksache 19/20348, S. 63, u.a. in folgenden Fällen zu bejahen:

- Es sind mehrere Einzelforderungen einzuziehen.
- Mehrfache Adressrecherche nötig.
- Überwachung von Raten- oder Teilzahlungsvereinbarungen mit mehr als 9 Raten.
- Mit dem Schuldner wird eine oder mehrere Abtretungen vereinbart.
- Der Schuldner muss „immer wieder" zur Zahlung aufgefordert werden.
- Es finden mehrfach Gespräche/Telefonate mit dem Schuldner statt.
- Es gibt Kommunikationsprobleme.
- Rücklastschriften
- Auslandskontakt
- Hausbesuche, in denen die finanzielle Situation des Schuldners auf seinen Wunsch hin ausführlich aufgearbeitet wird.

Eine umfangreiche Inkassodienstleistung soll demgegenüber nicht allein durch viele schriftliche oder telefonische Mahnungen begründet werden können, „wenn nicht davon auszugehen war, dass die Mahnungen noch einen Erfolg bringen würden" (BT-Drucksache 19/20348, S. 63). Die Art der Formulierung belegt, dass auch eine hohe Zahl solcher Mahnungen einen besonderen Aufwand begründet, der unter Heranziehen der Kriterien des § 14 RVG zur umfangreichen Inkassodienstleistung führen kann. Der Anwalt bzw. Inkassounternehmer ist jedoch dafür beweispflichtig, dass die Mahnungen doch zur zumindest teilweisen Zahlung der Forderung führten.

Erteilt der Mandant den Auftrag, den Schuldner zur Zahlung aufzufordern, noch ohne konkreten Auftrag zur Zwangsvollstreckung für den Fall der Nichtzahlung, fällt die Geschäftsgebühr nach Nr. 2300 VV RVG an. Bleibt diese Tätigkeit ohne Ergebnis und wird anschließend doch der Auftrag, die Forderung im Rahmen der Zwangsvollstreckung geltend zu machen, erteilt, muss eine Anrechnung gemäß Vorbem. 3, Abs. 4 auf die Verfahrensgebühr Nr. 3309 VV RVG erfolgen. Der Anfall der ermäßigten Geschäftsgebühr Nr. 2302 VV RVG ist in der Praxis nicht wirklich relevant, da der Mandant selten konkret einen Auftrag (nur) zur Fertigung eines einfachen Schreibens erteilen wird. Ob lediglich eine Geschäftsgebühr für ein einfaches Schreiben angefallen ist, richtet sich lt. BGH nicht nach dem Erscheinungsbild des Aufforderungsschreibens, sondern nach dem erteilten Auftrag: Das „Ergebnis", also das vom Anwalt an den Schuldner versandte Schreiben, ist nicht maßgeblich.

cc) Außergerichtliche Tätigkeit bei bestrittenen Forderungen: Geschäftsgebühr

Wenn und soweit ein Prozessauftrag (noch) nicht erteilt ist, kommt die Abrechnung der Geschäftsgebühr gem. Nr. 2300 ff. VV RVG in Frage.

Die Geschäftsgebühr gilt als allgemeine Grundgebühr für das außergerichtliche Verfahren und deckt das Betreiben des Geschäfts, also das „Kümmern des Anwalts um Mandat und Mandant“ und das Mitwirken bei der Gestaltung von Verträgen ab. Wird der Vertragsinhalt strittig, ist die Verfahrensgebühr zu diskutieren.

Die Geschäftsgebühr kann nur dann abgerechnet werden, wenn der Rechtsanwalt **mit Willen und Wissen des Mandanten nach außen hin tätig** wird.

Der Rahmen beträgt grundsätzlich 0,5–2,5, die Gebühr kann jedoch mit nicht mehr als 1,3 abgerechnet werden, wenn die anwaltliche Tätigkeit weder schwierig noch umfangreich war. Das wird in der täglichen Praxis selten zu bejahen sein. Im Hinblick auf eine Abrechnung jenseits des Wertes von 1,3 empfiehlt und bewährt sich eine konkrete Erfassung des geleisteten Aufwands, sei es per Timesheet oder über eine Anwaltssoftware. Zu den Aspekten „Umfang“ und „Schwierigkeit“ der anwaltlichen Tätigkeit lassen sich in den meisten Mandaten Argumente finden, wobei die Schwierigkeit des Falles objektiv und der Umfang der anwaltlichen Tätigkeit subjektiv zu beurteilen ist. Die Qualifizierung des Anwalts, der Anwältin als Fachanwalt lässt die Sache nicht „einfach“ werden. Das OLG Karlsruhe hat die Erhöhung der Geschäftsgebühr bejaht, wenn der Mandant eine komplizierte Persönlichkeitsstruktur an den Tag legt. Dies gilt ebenso, wenn die Tätigkeit durch Zeitdruck, Kommunikationsprobleme o. Ä. erschwert wird.

Beschränkt sich der Auftrag des Mandanten auf die Erstellung eines Schreibens einfacher Art, kann lediglich eine Geschäftsgebühr gem. Nr. 2302 VV RVG i. H. v. 0,3 in Ansatz gebracht werden. Als Schreiben einfacher Art gilt z. B. die reine Sachstandsanfrage bei einer Behörde. D. h., diese Gebühr fällt im „normalen“ Kanzleibetrieb üblicherweise nicht an. Welcher Mandant erteilt einen Auftrag, der sich auf die Erstellung eines einfachen Schreibens beschränkt?

dd) Erhöhungsgebühr mehrere Auftraggeber

Gem. Nr. 1008 VV RVG können die Verfahrens- oder (so der Gesetzestext, der als „und“ ausgelegt werden darf) Geschäftsgebühr erhöht werden, sobald der Anwalt in ein und derselben Sache für mehrere Mandanten tätig wird. Dies gilt für

- sämtliche Verfahrensgebühren im Mahnverfahren, streitigen Verfahren, Hauptsacheverfahren, gleich welcher Instanz,
- sämtliche Verfahrensgebühren im Bereich einstweiliger Anordnung, selbständiges Beweisverfahren, Arrest- und einstweilige Verfügungsverfahren,
- die Verfahrensgebühr gem. Nr. 3309 VV RVG im Bereich der Zwangsvollstreckung,
- die Verfahrensgebühr gem. Nr. 3311 VV RVG im Bereich der Zwangsversteigerung,
- die Verfahrensgebühr gem. Nr. 3400 VV RVG für die Führung des Verkehrs der Partei mit dem Verfahrensbevollmächtigten (Korrespondenzanwaltsgebühr),
- die Verfahrensgebühr gem. Nr. 3401 VV RVG hinsichtlich der Vertretung in einem Termin (Unterbevollmächtigter),
- die Verfahrensgebühr über die Beschwerde gem. Nr. 3500 VV RVG.

Gem. Nr. 1008 VV RVG erfolgt Erhöhung

- bei Dezimalgebühren um 0,3. Mehrere Erhöhungen dürfen 2,0 nicht übersteigen;
- bei Festgebühren um 30 %. Mehrere Erhöhungen dürfen das Doppelte der Festgebühr nicht übersteigen;
- bei Betragsrahmengebühren Erhöhung des Mindest- und Höchstbetrages um 30 %. Mehrere Erhöhungen dürfen das Doppelte des Mindest- und Höchstbetrages nicht übersteigen.

Wird RA R von zwei Mandanten beauftragt, gegen Handwerker H vorzugehen, kann die jeweilige Geschäfts- und Verfahrensgebühr um 0,3 erhöht werden. Eine Beauftragung von drei Auftraggebern führt zu einer Erhöhung von 0,6. Bei vier Auftraggebern beträgt die Erhöhung 0,9. Ab einer Zahl von acht Auftraggebern ist das Maximum erreicht: Mit mehr als 2,0 kann die Nr. 1008 VV RVG nicht abgerechnet werden.

Zu beachten ist, dass die Tätigkeit für den ersten Auftraggeber immer mit der Ausgangsgebühr abgegolten wird. Bei der Erhöhung handelt es sich jedoch nicht um eine eigene Gebühr, sondern es wird lediglich die Ausgangsgebühr erhöht.

Sofern es sich um **Wertgebühren** handelt, ist weiter zu berücksichtigen, dass es sich für den Anfall einer Erhöhung um **dieselbe Angelegenheit** und **denselben Gegenstand** handeln muss.

Zusammenfassung:

Außergerichtliche Tätigkeit
Teil 1 Abschnitt 3 VV RVG
Geschäftsgebühr nach Nr. 2300

- Geltendmachung einer **streitigen Forderung** 0,5–2,5
  Schwellenwert, ... 1,3
  wenn die Angelegenheit nicht umfangreich oder schwierig ist.
- Geltendmachung einer nichtstreitigen Inkasso-Forderung 0,5–1,3
  Schwellenwert, ... 0,9
  einfacher Fall, wenn die Forderung innerhalb von zwei Wochen
  nach der ersten Zahlungsaufforderung beglichen wird............ 0,5
- beschränkt sich der Auftrag auf ein einfaches Schreiben:
  Nr. 2301 VV RVG 0,3
- Erhöhung bei mehreren Auftraggebern Nr. 1008 VV RVG
  bei Festgebühren um .... 0,3 oder 30 %
- bei Betragsrahmengebühren erhöhen sich der Mindest- und Höchstbetrag um 30 %, die maximale Erhöhung beträgt 2,0, bzw. das Doppelte des Höchstbetrages.

ee) Außergerichtliche Tätigkeit: Beratungshilfe

Wird die Tätigkeit des Rechtsanwalts im außergerichtlichen Bereich nach der Beratungshilfe abgerechnet, kommen die unten genannten Beträge in Betracht.

Zusammenfassung:

Teil 2 Abschnitt 5 Beratungshilfe

- Beratungshilfegebühr Nr. 2500 VV RVG
  (ist vom Auftraggeber zu tragen), brutto..................... 15,00 €
- Beratungsgebühr Nr. 2501 VV RVG........................ 42,00 €
- Beratungsgebühr mit dem Ziel einer außergerichtlichen Einigung mit den Gläubigern über die Schuldenbereinigung auf der Grundlage eines Plans .... 84,00 €
- Geschäftsgebühr Nr. 2503 VV RVG .... 102,00 €

- Tätigkeit mit dem Ziel einer außergerichtlichen Einigung mit den Gläubigern über die Schuldenbereinigung auf der Grundlage eines Plans (§ 305 Abs. 1 Nr. 1 InsO)
  Gebühr Nr. 2504 bei bis zu 5 Gläubigern .... 324,00 €
  Gebühr Nr. 2505 6 bis 10 Gläubiger .... 486,00 €
  Gebühr Nr. 2506 11 bis 15 Gläubiger .... 674,00 €
  Gebühr Nr. 2507 mehr als 15 Gläubiger .... 810,00 €
- Einigungs- und Erledigungsgebühr Nr. 2508 VV RVG .... 180,00 €

b) Tätigkeit des Anwalts nach Erteilung des Prozessauftrages

aa) Verfahrens- und Terminsgebühr

Die **Verfahrensgebühr** entspricht im Grunde der Geschäftsgebühr als **allgemeine Betriebsgebühr**. Sie kann konkret und nur dann angesetzt werden, wenn der volle Prozessauftrag erteilt ist, Vorbem. 3, Abs. 1 VV RVG und beträgt grundsätzlich in der ersten Instanz gem. Nr. 3100 VV RVG 1,3, in der zweiten Instanz gem. 3200 VV RVG 1,6. In voller Höhe können diese Gebühren nur dann abgerechnet werden, wenn die Klage bzw. die Berufung eingereicht wird. Die Verfahrensgebühren in der Revisionsinstanz sind in Nrn. 3206 ff. VV RVG geregelt.

Erledigt sich der Auftrag vorzeitig oder ist von einer eingeschränkten Tätigkeit des Rechtsanwalts die Rede, ermäßigen sich die Verfahrensgebühr gem. Nrn. 3101 bzw. 3201 VV RVG. Gleiches gilt, soweit Verhandlungen vor Gericht zur Einigung der Parteien oder der Beteiligten oder mit Dritten über in diesem Verfahren nicht rechtshängige Ansprüche geführt werden; der Verhandlung über solche Ansprüche steht es gleich, wenn beantragt ist, eine Einigung zu Protokoll zu nehmen oder das Zustandekommen einer Einigung festzustellen (§ 278 Abs. 6 ZPO).

Die ermäßigte Verfahrensgebühr ist ebenfalls anzusetzen, wenn in einer Familiensache, die nur die Erteilung einer Genehmigung oder die Zustimmung des Familiengerichts zum Gegenstand hat, oder in einem Verfahren der freiwilligen Gerichtsbarkeit lediglich ein Antrag gestellt und eine Entscheidung entgegengenommen wird; hier spricht der Gesetzgeber von einer sogenannten eingeschränkten Tätigkeit des Anwalts im Sinne der Nr. 3201 VV RVG.

Die **Terminsgebühr** entsteht für die Wahrnehmung gerichtlicher Termine (Ausnahme Verkündungstermine) und für außergerichtliche Termine und Besprechungen, z. B. die Wahrnehmung eines Ortstermins, wenn dieser von einem gerichtlich bestellten Sachverständigen anberaumt wurde, oder das Mitwirken an Besprechungen, die auf die Vermeidung oder Erledigung des Verfahrens gerichtet sind. Ob in diesem Verfahrensabschnitt eine mündliche Verhandlung kraft Gesetzes vorgeschrieben ist, ist unerheblich.

Besprechungen mit dem Auftraggeber lösen keine Terminsgebühr aus. Dies gilt auch für Besprechungen mit dem Richter. Besprechungen mit Dritten lassen die Terminsgebühr anfallen, wenn und soweit diese zu einer Vermeidung oder Erledigung des Verfahrens beitragen können.

Sie entsteht unabhängig hiervon auch, wenn in einem Verfahren, für das eine mündliche Verhandlung oder ein Erörterungstermin vorgeschrieben ist, auf diese verzichtet, damit zur Entlastung des Gerichts beigetragen wird und das Verfahren per §§ 307, 495a ZPO (Entscheidung auf schriftlichem Wege oder per schriftlichem Vergleich) beendet wird.

Sind die Voraussetzungen der Nr. 3105 VV RVG erfüllt – aber nur dann –, muss die Terminsgebühr in ermäßigter Höhe angesetzt werden.

Für die Tätigkeit im Rahmen eines Mehrvergleiches kann die Terminsgebühr aus dem Gesamtwert abgerechnet werden.

bb) Zusatzgebühr für umfangreiche Beweisaufnahmen

Für den durch besonders umfangreiche Beweisaufnahmen anfallenden Mehraufwand ist eine Zusatzgebühr eingeführt. Sie beträgt in Angelegenheiten, in denen sich die Gebühren nach Teil 3 richten und mindestens drei gerichtliche Termine stattfinden, in denen Sachverständige oder Zeugen vernommen werden, 0,3. Bei Betragsrahmengebühren erhöhen sich der Mindest- und Höchstbetrag der Terminsgebühr um 30 %.

c) Alles wird gut: Die Einigungsgebühr

Kann unter Mitwirken des Rechtsanwalts eine endgültige Einigung – über streitige oder ungewisse Rechtsverhältnisse – erreicht werden, fällt die Einigungsgebühr nach Nr. 1000 ff. VV RVG an. Dies gilt nicht bei einem vollen Anerkenntnis des Anspruchs oder vollem Verzicht auf diesen. Für die Höhe der Gebühr ist zunächst ausschließlich die Anhängigkeit oder Nichtanhängigkeit der umstrittenen Forderung in gerichtlichen Verfahren maßgeblich: Bei Anhängigkeit der Forderung in der ersten Instanz beträgt die Gebühr 1,0, bei Anhängigkeit in der zweiten oder dritten Instanz 1,3 und 1,5, wenn die Forderung nicht anhängig ist.

Wird jedoch in einer Teilzahlungsvereinbarung die Erfüllung des Anspruchs bei gleichzeitigem vorläufigem Verzicht auf seine gerichtliche Geltendmachung geregelt oder, wenn bereits ein zur Zwangsvollstreckung geeigneter Titel vorliegt, bei gleichzeitigem vorläufigem Verzicht auf Vollstreckungsmaßnahmen kann die Einigungsgebühr lediglich mit 0,7 angesetzt werden.

Der Gegenstandswert der Einigungsgebühr bestimmt sich grundsätzlich nach dem, „worüber" eine Einigung erreicht wird und nicht nach dem „worauf". D.h., das Ergebnis der Verhandlungen ist für die Bestimmung des Gegenstandswerts unerheblich.

Gemäß § 31b RVG beträgt der Gegenstandswert bei Abschluss von Teilzahlungsvereinbarungen jedoch 50 % des bestehenden Anspruchs.

Beispiel: Mandant M bittet Rechtsanwalt R, außergerichtlich eine Forderung über 10.000,00 € gegenüber Gegner G geltend zu machen, da sich G schriftlich über die Qualität der von M geleisteten Arbeiten „aufgeregt" hat. Nach Erhalt der Zahlungsaufforderung meldet sich Gegner G bei Rechtsanwalt R. Nach einigem Hin und Her kommen beide Seiten zum Ergebnis, dass die Sache mit der Bezahlung des Betrages von 8.000 € erledigt sein soll. Es wird vereinbart, dass Gegner G den Betrag in fünf monatlichen gleichen Raten zurückzahlt; kommt er jedoch mit einer Rate mehr als drei Kalendertage in Verzug, wird der gesamte noch offene Restbetrag zur Zahlung fällig.

Gegenstandswert: 10.000,00/5.000,00 €

1,5 Geschäftsgebühr gem. §§ 11, 13, 14 RVG, Nr. 2300 VV RVG	978,00 €
0,7 Einigungsgebühr gem. §§ 11, 13 RVG, Nr. 1000 VV RVG	248,15 €
Post- und Telekommunikationspauschale Nr. 7002 VV RVG	20,00 €
Zwischensumme	1.246,15 €
19 % Umsatzsteuer Nr. 7008 VV RVG	236,77 €
SUMME	1.482,92 €

Anmerkung: Wäre die Forderung bei Beauftragung des Anwalts eine unbestrittene, könnte die Geschäftsgebühr im ersten Mahnschreiben, wenn die Zahlung nicht innerhalb von zwei Wochen erfolgt, nur mit 0,5 angesetzt werden. Im zweiten Mahnschreiben kann die Geschäftsgebühr insgesamt mit 0,9 geltend gemacht werden.

Denkbar sind natürlich auch Einigungen über sowohl anhängige als auch nicht anhängige Forderungen. Die Einigungsgebühr wird in diesem Fall gesplittet.

Mehrvergleich in der ersten Instanz

1,0 Einigungsgebühr Nr. 1003 aus dem in der ersten Instanz anhängigen Teil der Forderung.

1,5 Einigungsgebühr Nr. 1000 aus dem nicht anhängigen Teil der Forderung.

Anschließend muss ein Abgleich nach § 15 Abs. 3 RVG erfolgen: Die Obergrenze beträgt 1,5 aus dem Gesamtgegenstandswert.

Beispiel: Gerichtlich anhängig sind 10.000,00 €, mitverglichen wird ein Anspruch über 2.000,00 €, welcher bislang nicht anhängig war, Mehrwert des Vergleichs also 2.000,00 €.

Nachstehend nur die Einigungsgebühr:
Gegenstandswert: 10.000,00 €

1,0 Einigungsgebühr Nr. 1003 VV RVG aus 10.000,00 € (anhängig)	652,00 €
1,5 Einigungsgebühr Nr. 1000 VV RVG aus 2.000,00 € (nicht anhängig)	264,00 €

§ 15 Abs. 3 RVG prüfen
Nicht mehr als 1,5 (höchster Gebührensatz) aus 12.000,00 €
(Addition der Wertteile) = 1.060,50 €
Obergrenze greift nicht, so dass die beiden o. g. Gebühren
(652,00 € + 264,00 € = 916,00 €) bestehen bleiben.

Abstrakt stellt sich die Abrechnung sämtlicher Gebühren wie folgt dar:

1,3 Verfahrensgebühr Nr. 3100 aus X

0,8 Verfahrensgebühr Nr. 3101 aus Y

Abgleich der Verfahrensgebühren gem. § 15 Abs. 3 RVG: max. 1,3 aus X + Y

1,2 Terminsgebühr Nr. 3104 aus X + Y

1,0 Einigungsgebühr Nr. 1003 aus X

1,5 Einigungsgebühr Nr. 1000 aus Y

Abgleich der Einigungsgebühren gem. § 15 Abs. 3 RVG: max. 1,5 aus X + Y

Mehrvergleich in der zweiten Instanz

1,3 Einigungsgebühr Nr. 1003 aus dem in der zweiten Instanz anhängigen Teil der Forderung.

1,5 Einigungsgebühr Nr. 1000 aus dem nicht anhängigen Teil der Forderung.

Anschließend muss ein Abgleich nach § 15 Abs. 3 RVG erfolgen: Die Obergrenze beträgt 1,5 aus dem Gesamtgegenstandswert.

Beispiel: Anhängig im Berufungsverfahren sind 10.000,00 €, mitverglichen wird ein Anspruch über 2.000,00 €, welcher bislang nicht anhängig war, Mehrwert des Vergleichs also 2.000,00 €.

Nachstehend nur die Einigungsgebühr:
Gegenstandswert: 10.000,00 €

1,3 Einigungsgebühr Nr. 1004 VV RVG aus 10.000,00 € (anhängig)	847,60 €
1,5 Einigungsgebühr Nr. 1000 VV RVG aus 2.000,00 € (nicht anhängig)	264,00 €

§ 15 Abs. 3 RVG prüfen
Nicht mehr als 1,5 (höchster Gebührensatz) aus 12.000,00 €
(Addition der Wertteile) = 1.060,50 €
Obergrenze greift, so dass die beiden o. g. Gebühren (847,60 € + 264,00 € = 1.111,60 €) nicht zum Tragen kommen und der **Höchstwert von 1.060,50 €** zu berücksichtigen ist.

Abwandlung: Sofern der Betrag von 2.000,00 € erstinstanzlich anhängig war, würde insoweit *nicht* eine 1,5 Einigungsgebühr gem. Nr. 1000 VV RVG entstehen, sondern lediglich eine 1,0 Einigungsgebühr gem. Nr. 1003 VV RVG.

Nachstehend nur die Einigungsgebühr:
Gegenstandswert: 10.000,00 €

(1,3 Einigungsgebühr Nr. 1004 VV RVG aus 10.000,00 € (anhängig)	847,60 €
(1,0 Einigungsgebühr Nr. 1000 VV RVG aus 2.000,00 € (in erster Instanz anhängig)	176,00 €

§ 15 Abs. 3 RVG prüfen
Nicht mehr als 1,3 (höchster Gebührensatz) aus 12.000,00 €
(Addition der Wertteile) = 919,10 €
Obergrenze greift, so dass die beiden o. g. Gebühren (847,60 € + 176,00 € = 1.023,60 €) nicht zum Tragen kommen und der **Höchstwert zu berücksichtigen** ist.

Mehrvergleich und Prozesskostenhilfe

Arg umstritten war in den letzten Jahren der Erstattungsanspruch gegen die Staatskasse, wenn ein Mehrvergleich geschlossen wurde: Manche OLGs sahen nur die 1,5 Einigungsgebühr aus dem nicht anhängigen Teil für erstattungsfähig an, manche darüber hinaus auch die Differenzverfahrensgebühr und die Terminsgebühr aus dem Gesamtgegenstandswert. Der BGH hat in seinem Beschluss vom 17.01.2018, XII ZB 248/16, zum Thema Mehrvergleich in einer selbstständigen Familiensache entschieden, dass ein Anspruch auf sämtliche in diesem Zusammenhang ausgelösten Gebühren besteht.

Bereits das Kostenrechtsänderungsgesetz 2021 brachte Änderungen in § 48 RVG und erweitert und konkretisiert den bisherigen Erstattungsanspruch: Erstreckt sich die Bewilligung der PKH/VKH auf den Abschluss eines Vertrags im Sinne der Nr. 1000 VV RVG oder ist die Beiordnung oder die Bewilligung der Prozesskostenhilfe hierauf beschränkt, so umfasst der Anspruch alle gesetzlichen Gebühren und Auslagen, die durch die Tätigkeiten entstehen, die zur Herbeiführung der Einigung erforderlich sind. Diskussionen sind m. E. leider vorprogrammiert: Umfasst dieser Wortlaut – Stichwort „Herbeiführung" – nun auch die 1,5 Einigungsgebühr?

Wichtig ist immer (noch) ein genauer PKH/VKH-Antrag (auch) auf Erweiterung der PKH/VKH für den Abschluss eines Vergleiches.

Zusammenfassung:

Bürgerliche Rechtsstreitigkeiten und familienrechtliche Verfahren (einschl. Verfahren der freiwilligen Gerichtsbarkeit)

Teil 3 VV RVG

I. Instanz
Verfahrensgebühr Nr. 3100 VV RVG 1,3
Terminsgebühr Nr. 3104 VV RVG 1,2
Einigungsgebühr Nr. 1003 VV RVG 1,0

II. Instanz
Verfahrensgebühr Nr. 3200 VV RVG 1,6
Terminsgebühr Nr. 3202 VV RVG 1,2
Einigungsgebühr Nr. 1004 VV RVG 1,3

III. Instanz
Verfahrensgebühr Nr. 3206 VV RVG 1,6
Verfahrensgebühr Nr. 3208 VV RVG, sofern sich die Parteien nur durch einen beim BGH zugelassenen RA vertreten lassen können 2,3
Terminsgebühr Nr. 3210 VV RVG 1,5
Einigungsgebühr Nr. 1004 VV RVG 1,3

Es erfolgt nicht eine komplette Anrechnung der außergerichtlich entstandenen Geschäftsgebühr auf die Verfahrensgebühr, sondern gem. Vorbemerkung 3 Abs. 4 VV RVG lediglich zur Hälfte, höchstens jedoch in Höhe von .... 0,75.

Beispiel: RA R macht auftragsgemäß außergerichtlich 10.000,00 € geltend, wobei seine Tätigkeit leicht überdurchschnittlich war. Sodann erhebt er Klage wegen des Betrages von 10.000,00 €.
Hier erfolgt nur die Darstellung der Anrechnung der Geschäfts- auf die Verfahrensgebühr.

1,5 Geschäftsgebühr gem. §§ 13, 14 RVG i. V. m. Nr. 2300 VV RVG	978,00 €
Post- und Telekommunikationspauschale Nr. 7002 VV RVG	20,00 €
1,3 Verfahrensgebühr gem. Nr. 3100 VV RVG	847,60 €
abzgl. Anrechnung Geschäftsgebühr die Hälfte, höchstens jedoch 0,75, also abzgl. Geschäftsgebühr gem. Nr. 2300 VV RVG 0,75 =	./. 489,00 €
Post- und Telekommunikationspauschale Nr. 7002 VV RVG	20,00 €
Zwischensumme	1.376,60 €
19 % Umsatzsteuer gem. Nr. 7008 VV RVG	261,55 €
SUMME	1.638,15 €

Der Rechtsanwalt, welcher für seine Partei auftragsgemäß zunächst die außergerichtliche Interessenwahrnehmung übernommen hat, muss im gerichtlichen Verfahren zwingend die außergerichtlichen Gebühren unter materiell-rechtlichen Gesichtspunkten geltend machen, da im gerichtlichen Kostenfestsetzungsverfahren kein Raum für die Berücksichtigung dieser Gebühren ist. Hier ist dann § 15a RVG anzuwenden.

7. Gebühren im Mahnverfahren

Die Vergütung der beteiligten Rechtsanwälte richtet sich nach der Stellung des Mandanten im Verfahren und dem Verfahrensstand. In Frage kommen die Verfahrensgebühren Nrn. 3305–3308 VV RVG. Die Terminsgebühr bestimmt sich gem. Vorbem. 3.3.1 nach Abschnitt 1 des Vergütungsverzeichnisses, kann also z. B. in voller Höhe (1,2) angesetzt werden, wenn z. B. mit dem Schuldner nach Zustellung des Mahnbescheides telefonisch eine Teilzahlungsvereinbarung abschlossen wird. Daneben kommt die Einigungsgebühr – siehe dort – in Betracht.

Grundsätzlich gelten das Mahnverfahren und ein sich nach Widerspruch oder Einspruch anschließendes streitiges Verfahren als verschiedene Angelegenheiten; § 17 Ziff. 2 RVG. Unabhängig hiervon sind jedoch Anrechenvorschriften, die sich direkt aus dem VV ergeben, zu berücksichtigen und die für den Antragsteller- oder Antragsgegnervertreter angefallenen Verfahrensgebühren in voller Höhe auf die Verfahrensgebühren des streitigen Verfahrens anzurechnen.

Die Gerichtskosten sind gem. KVGKG Nr. 1100 mit 0,5, mindestens jedoch mit 38,00 € anzusetzen.

Beispiel: Außergerichtliche Tätigkeit – Mahnverfahren

Rechtsanwalt R wird von seinem Mandanten M beauftragt, außergerichtlich eine Forderung von 10.000,00 € geltend zu machen, da der Gegner auf die Mahnung des M nicht reagiert hatte. Da auch die von Rechtsanwalt R im zweiten Mahnschreiben gesetzte Zahlungsfrist ohne Ergebnis abläuft, beauftragt Mandant M nun Rechtsanwalt R, die Forderung im gerichtlichen Mahnverfahren geltend zu machen. Nach Ablauf der Widerspruchsfrist wird antragsgemäß der Vollstreckungsbescheid beantragt und erlassen.

R kann wie folgt abrechnen:

Für die außergerichtliche Tätigkeit:

Gegenstandswert: 10.000,00 €	
0,9 Geschäftsgebühr, §§ 2, 13 RVG, Nr. 2300 VV RVG	586,80 €
Post- und Telekommunikationspauschale Nr. 7002 VV RVG	20,00 €
Zwischensumme	606,80 €
19 % Umsatzsteuer Nr. 7008 VV RVG	115,29 €
SUMME	722,09 €

Im Mahnverfahren:

Gegenstandswert: 10.000,00 €		
1,0 Verfahrensgebühr, §§ 2, 13 RVG, Nr. 3305 VV RVG	652,00 €	
angerechnet werden muss 0,45 aus 10.000,00 €	./. 293,40 €	
verbleiben noch		358,60 €
0,5 Verfahrensgebühr, §§ 2, 13 RVG, Nr. 3308 VV RVG		326,00 €
Post- und Telekommunikationspauschale Nr. 7002 VV RVG		20,00 €
Zwischensumme		704,60 €
19 % Umsatzsteuer Nr. 7008 VV RVG		133,87 €
SUMME		838,47 €

Insgesamt	
Außergerichtliche Tätigkeit	722,09 €
Mahnverfahren	838,47 €
GESAMTSUMME	**1.560,562 €**

Abwandlung (1):

Zunächst wie im vorangegangenen Beispiel, jedoch leistet der Antragsgegner nach nötiger Adressermittlung und dem zweiten Mahnschreiben außergerichtlich eine

Teilzahlung von 2.000,00 €. Mahn- und Vollstreckungsbescheid werden auftragsgemäß über 8.000,00 € beantragt und erlassen.

R kann wie folgt abrechnen:

Für die außergerichtliche Tätigkeit:

Gegenstandswert: 10.000,00 €		
0,9 Geschäftsgebühr, §§ 2, 13 RVG, Nr. 2300 VV RVG		586,80 €
Post- und Telekommunikationspauschale Nr. 7002 VV RVG		20,00 €
Zwischensumme		606,80 €
19 % Umsatzsteuer Nr. 7008 VV RVG		115,29 €
SUMME		722,09 €

Im Mahnverfahren:

Gegenstandswert: 8.000,00 €		
1,0 Verfahrensgebühr, §§ 2, 13 RVG, Nr. 3305 VV RVG	533,00 €	
angerechnet werden muss 0,45 aus 8.000,00 €	./. 239,85 €	
verbleiben noch		293,15 €
0,5 Verfahrensgebühr, §§ 2, 13 RVG, Nr. 3308 VV RVG		266,50 €
Post- und Telekommunikationspauschale gem. Nr. 7002 VV RVG		20,00 €
Zwischensumme		579,65 €
19 % Umsatzsteuer Nr. 7008 VV RVG		110,13 €
SUMME		689,78 €

Insgesamt	
Außergerichtliche Tätigkeit	722,09 €
Mahnverfahren	689,78 €
GESAMTSUMME	**1.411,87 €**

Abwandlung (2):

Zunächst wie in der vorangegangenen Abwandlung. Nach Erteilung des Auftrags, das Mahnverfahren durchzuführen, wird noch vor Eingang des Mahnbescheidsantrags der Gesamtbetrag von der Gegenseite bezahlt.

R kann wie folgt abrechnen:

Für die außergerichtliche Tätigkeit:

Gegenstandswert: 10.000,00 €	
0,9 Geschäftsgebühr, §§ 2, 13 RVG, Nr. 2300 VV RVG	586,80 €
Post- und Telekommunikationspauschale Nr. 7002 VV RVG	20,00 €
Zwischensumme	606,80 €
zzgl. 19 % Umsatzsteuer Nr. 7008 VV RVG	115,29 €
SUMME	722,09 €

Im Mahnverfahren:

Gegenstandswert: 10.000,00 €

0,5 Verfahrensgebühr, §§ 2, 13 RVG, Nr. 3306 VV RVG	326,00 €	
angerechnet werden muss 0,45 aus 10.000,00 € =	./. 293,40 €	
verbleiben noch		32,60 €
Post- und Telekommunikationspauschale Nr. 7002 VV RVG		20,00 €
Zwischensumme		52,60 €
19 % Umsatzsteuer Nr. 7008 VV RVG		9,99 €
SUMME		62,59 €

Insgesamt	
Außergerichtliche Tätigkeit	722,09 €
Mahnverfahren	62,59 €
GESAMTSUMME	**784,68 €**

Beispiel: Mahnverfahrensantrag zunächst durch den Mandanten selbst – Unterstützung durch den Anwalt – Vollstreckungsbescheid

M versucht selbst den Erlass eines Mahnbescheids wegen eines Betrages von 10.000,00 €. Nach Erhalt einer umfangreichen Monierung zum Mahnbescheid erteilt er nun Rechtsanwalt R das Mandat, doch alles Erforderliche zum Erlass des Mahnbescheids zu unternehmen. R fertigt fristgerecht auch den Antrag auf Erlass des Vollstreckungsbescheids.

Rechtsanwalt R kann wie folgt abrechnen:

Im Mahnverfahren:

Gegenstandswert: 10.000,00 €

1,0 Verfahrensgebühr, §§ 2, 13 RVG, Nr. 3305 VV RVG	652,00 €
0,5 Verfahrensgebühr, §§ 2, 13 RVG, Nr. 3308 VV RVG	326,00 €
Post- und Telekommunikationspauschale Nr. 7002 VV RVG	20,00 €
Zwischensumme	998,00 €
19 % Umsatzsteuer Nr. 7008 VV RVG	189,62 €
GESAMTSUMME	**1.187,62 €**

Beispiel: Mahnverfahren – streitiges Verfahren

Rechtsanwalt R wird zunächst von seinem Mandanten M beauftragt, außergerichtlich eine Forderung von 10.000,00 € geltend zu machen, da der Gegner auf die Mahnung des M nicht reagiert hatte. Auch auf das außergerichtliche zweite Mahnschreiben nach Adressermittlung durch R reagiert der Gegner nicht, so dass das gerichtliche Mahnverfahren eingeleitet wird. Der Mahnbescheid wird antragsgemäß erlassen. Nach fristgemäß eingelegtem Widerspruch wird das streitige Verfahren durchgeführt.

R kann wie folgt abrechnen:

Für die außergerichtliche Tätigkeit:

Gegenstandswert: 10.000,00 €		
0,9 Geschäftsgebühr, §§ 2, 13 RVG, Nr. 2300 VV RVG		586,80 €
Post- und Telekommunikationspauschale Nr. 7002 VV RVG		20,00 €
Zwischensumme		606,80 €
zzgl. 19 % Umsatzsteuer Nr. 7008 VV RVG		115,29 €
SUMME		722,09 €

Im Mahnverfahren:

Gegenstandswert: 10.000,00 €		
1,0 Verfahrensgebühr, §§ 2, 13 RVG, Nr. 3305 VV RVG	652,00 €	
angerechnet werden muss 0,45 aus 10.000,00 €	./. 293,40 €	
verbleiben noch		358,60 €
Post- und Telekommunikationspauschale Nr. 7002 VV RVG		20,00 €
Zwischensumme		378,60 €
19 % Umsatzsteuer Nr. 7008 VV RVG		71,93 €
SUMME		450,53 €

Im streitigen Verfahren:

Gegenstandswert: 10.000,00 €		
1,3 Verfahrensgebühr, §§ 2, 13, Nr. 3100 VV RVG	847,60 €	
angerechnet werden muss 1,0 aus 10.000,00 €	./. 652,00 €	
verbleiben noch		195,60 €
1,2 Terminsgebühr, §§ 2, 13 Nr. 3104 VV RVG		782,40 €
Post- und Telekommunikationspauschale gem. Nr. 7002 VV RVG		20,00 €
Zwischensumme		998,00 €
19 % Umsatzsteuer gem. Nr. 7008 VV RVG		189,62 €
SUMME		1.187,62 €
Insgesamt		
Außergerichtliche Tätigkeit		722,09 €
Mahnverfahren		450,53 €
streitiges Verfahren		1.187,62 €
GESAMTSUMME		**2.360,24 €**

Beispiel: Mahnverfahren – Mehrere Auftraggeber – Streitiges Verfahren

Ehepaar M beantragt selbst den Erlass eines Mahnbescheids wegen eines Betrages von 10.000,00 €. Nach Zustellung des Mahnbescheids suchen die Eheleute M Rechtsanwalt R auf, verbunden mit der Bitte, den Antrag auf Erlass des Vollstreckungsbescheids zu stellen. R fertigt den Antrag auf Erlass des Vollstreckungsbescheids. Nach Zustellung des Vollstreckungsbescheids legt Rechtsanwalt G

Einspruch ein, so dass von Amts wegen das streitige Verfahren eingeleitet wird. Es findet ein Termin zur mündlichen Verhandlung statt. Der Vollstreckungsbescheid wird bestätigt.

Rechtsanwalt R kann wie folgt abrechnen:

Im Mahnverfahren:

Gegenstandswert: 10.000,00 €	
0,8 Verfahrensgebühr gem. §§ 2, 13 RVG, Nrn. 1008, 3308 VV RVG	521,60 €
Auslagenpauschale gem. Nr. 7002 VV RVG	20,00 €
Zwischensumme	541,60 €
19 % Umsatzsteuer gem. Nr. 7008 VV RVG	102,90 €
SUMME	644,50 €

Im streitigen Verfahren:

1,6 Verfahrensgebühr gem. §§ 2, 13 RVG, Nr. 3100 VV RVG	1.043,20 €
1,2 Terminsgebühr gem. §§ 2, 13 RVG, Nr. 3104 VV RVG	782,40 €
Post- und Telekommunikationspauschale gem. Nr. 7002 VV RVG	20,00 €
Zwischensumme	1.845,60 €
19 % Umsatzsteuer gem. Nr. 7008 VV RVG	350,66 €
SUMME	2.196,26 €

Insgesamt	
Mahnverfahren	644,50 €
Streitiges Verfahren	2.196,26 €
GESAMTSUMME	**2.840,76 €**

Zusammenfassung:

Mahnverfahren nach Abschnitt 3 Unterabschnitt 2

- Verfahrensgebühr (Vertretung des Antragstellers) Nr. 3305 VV RVG 1,0
- Vorzeitige Erledigung Nr. 3306 VV RVG 0,5
- Verfahrensgebühr (Vertretung des Antragsgegners) Nr. 3307 VV RVG 0,5
- Verfahrensgebühr für den Antrag auf Erlass eines Vollstreckungsbescheides Nr. 3308 VV RVG 0,5
- Terminsgebühr Nr. 3104 VV RVG 1,2

8. Gebühren in der Zwangsvollstreckung

Die Gebühren der Zwangsvollstreckung ergeben sich aus Nrn. 3309, 3310 VV RVG. Jede Vollstreckungsmaßnahme ist als eigene Angelegenheit zu werten und abzurechnen. Lediglich Vorpfändung und eine nachfolgende Forderungspfändung gelten als eine Einheit. Bei der Beauftragung des Gerichtsvollziehers entsteht z. B. für den Auftrag zur Durchführung der Mobiliarvollstreckung die erste, für den Auftrag zur Abnahme der Vermögensauskunft die zweite Verfahrensgebühr. Aufträge zur Einholung der Drittauskünfte gelten als eigene Angelegenheit; so der BGH in seinen Beschlüssen vom 20.09.2018, I ZB 120/17 und vom 28.03.2019, I ZB 81/18.

Abzurechnen sind die Verfahrensgebühr, sobald der Rechtsanwalt nach Erteilung des Vollstreckungsauftrags tätig wird, und ggf. eine Terminsgebühr. Diese entsteht nur für die Teilnahme an einem gerichtlichen Termin oder einem Termin zur Abnahme der Vermögensauskunft.

Kann eine Teilzahlungsvereinbarung geschlossen werden, kommt die Einigungsgebühr – siehe dort – in Betracht.

Der Gegenstandswert bestimmt sich – im Gegensatz zu den „üblichen" zivilrechtlichen Verfahren – unter Berücksichtigung sämtlicher Nebenforderungen, § 25 RVG, bzw. nach dem Wert der herauszugebenden Sache. Der Mindestbetrag von 500,00 € für die Einholung der Drittauskünfte wurde schrittweise und endgültig zum 01.07.2020 durch das 7. Gesetz zur Änderung des Vierten Buches Sozialgesetzbuch und anderer Gesetze abgeschafft. Gemäß § 31b RVG ist der Wert für Teilzahlungsvereinbarungen auf 50 % des Anspruchs gedeckelt.

Einschneidend ist ebenfalls die Deckelung – aber nur dort – des Wertes für das Verfahren auf Abnahme der Vermögensauskunft gem. §§ 802c ff. ZPO, 25 Abs. 1 Ziff. 4 RVG auf 2.000,00 €.

Beispiel: Wird Rechtsanwalt R für Adam und Eva im Rahmen der Zwangsvollstreckung gegen Romeo und Julia tätig, handelt es sich gebührentechnisch um **zwei** Zwangsvollstreckungsaufträge, die mit **jeweils** einer 0,3 Verfahrensgebühr gemäß VV RVG 3309, erhöht gemäß § 7 RVG i. V. m. VV RVG 1008 um 0,3, also insgesamt 0,6, abgerechnet werden können, das heißt im Ergebnis 1,2 Gebühren.

Beispiel: Die Erbengemeinschaft Traurig, bestehend aus 10 Erben, beauftragt Rechtsanwalt R, wegen einer Gesamtforderung von 10.000,00 € gegen Gegner G einen Pfändungs- und Überweisungsbeschluss in dessen Bankkonten zu erwirken.

Nach Zustellung des Pfändungs- und Überweisungsbeschlusses meldet sich Gegner G, und es wird eine Teilzahlungsvereinbarung abgeschlossen. Insoweit verpflichtet sich Gegner G, die Forderung in monatlichen Raten à 1.000,00 € zu bezahlen; außerdem tritt er den pfändbaren Teil seines Arbeitseinkommens an die Erbengemeinschaft ab und übernimmt die Kosten der Teilzahlungsvereinbarung; selbstverständlich enthält die Vereinbarung eine Verfallklausel.

Rechtsanwalt R kann wie folgt abrechnen:

Gegenstandswert: 10.000,00/5.000,00 €

2,3 Verfahrensgebühr §§ 2, 13, 14 RVG, Nrn. 1008, 3309 VV RVG	1.499,60 €
1,5 Einigungsgebühr §§ 2, 13, 14, 31b RVG, Nr. 1003 VV RVG	531,75 €
Post- und Telekommunikationspauschale Nr. 7002 VV RVG	20,00 €
Zwischensumme	2.051,35 €
19 % Umsatzsteuer Nr. 7008 VV RVG	389,76 €
SUMME	2.441,11 €

Anmerkungen:
Die Einigungsgebühr kann hier mit 1,5 angesetzt werden: Eine Anhängigkeit im gerichtlichen Verfahren (= Forderungspfändung) ist mit Erlass des Pfändungs- und Überweisungsbeschlusses beendet.

9. Tätigkeit im familienrechtlichen Mandat

Die Abrechnung im familienrechtlichen Mandat folgt grundsätzlich den Regelungen des Zivilrechts. Zu beachten ist, dass sich der verfahrensrechtliche Verbund auch gebührentechnisch fortsetzt; § 16 Ziff. 4 RVG. Darüber hinaus bilden einstweiligen Anordnungen jeweils eigene Angelegenheiten; § 17 Ziff. 4 RVG. Im Gegensatz hierzu bilden eine Folgesache, die als selbständige Familiensache fortgeführt wird, und das frühere Verfahren ein und dieselbe Angelegenheit; § 21 Abs. 3 RVG.

Bei der Berechnung der Gebühren des im Wege der PKH/VKH beigeordneten Anwalts ist die PKH/VKH-Tabelle auf Seite 112 ff. zu beachten.

Die Bestimmung der Gegenstandswerte erfolgt nach den §§ 43 ff. FamGKG. Der Mindestgegenstandswert für die Ehesache ist gem. § 43 FamGKG mit einem Wert i. H. v. 3.000,00 € anzusetzen. Der Maximalwert von 1 Mio. € wird nach meinen Erfahrungen eher selten erreicht.

Über § 28 FamGKG hat die Gebührentabelle des § 34 GKG Gültigkeit (vgl. S. 110 f.). Der Gesetzgeber hat einige Gegenstandswerte im Rahmen des

Kosten- und Betreuervergütungsrechtsänderungsgesetz (KostBRÄG) 2025 angehoben. Diese Änderungen sind in der nachfolgenden Tabelle bereits berücksichtigt.

Im Falle der Scheidung der Ehe werden die Kosten der Scheidungssache und der Folgesachen üblicherweise gegeneinander aufgehoben, § 150 FamFG. Andere Ergebnisse sind denkbar, wenn Anträge zurückgenommen oder abgewiesen werden oder die Parteien eine vergleichsweise Regelung über die Kosten treffen.

Die wichtigsten Gegenstandswerte im familienrechtlichen Mandat im Verbund	
Scheidung	§ 43 FamGKG: 2 × 3 Nettoeinkommen, mind. 3.000 €, max. 1.000.000,00 €; unter Berücksichtigung aller Argumente[2] von § 43 Abs. 2 FamGKG.
Kindschaftssache als Folgesache	§ 44 FamGKG: Wert der Ehesache nach § 43 wird erhöht, abhängig vom Wert der Ehesache: 20 %, um max. 5.000 €
Bestimmte Kindschaftssachen	§ 45 FamGKG: Verfahrenswert beträgt 5.000 € pro Kindschaftssache
Abstammungssachen	§ 47 FamGKG: Verfahren nach § 169 Nr. 1 und 4 FamFG in Verfahren des FGG 3.000 €, in übrigen 1.000 €.
Versorgungsausgleich	§ 50 FamGKG: Für jedes Anrecht 10 %, bei Ausgleich nach der Scheidung 20 % des in drei Monaten erzielten Nettoeinkommens der Ehegatten; mind. 1.000 € (keine Obergrenze).
Zugewinnausgleich	§§ 23 RVG, 3 ZPO: Höhe des geforderten Betrages.
Maßnahmen zum Gewaltschutzgesetz	§ 49 FamGKG: Verfahren nach § 1 GewaltschutzG 3.000 €; Verfahren nach § 2 GewaltschutzG 4.000 €.
Kindesunterhalt	§ 51 FamGKG: Jahresbetrag der für die ersten zwölf Monate nach Anhängigkeit (nicht Rechtshängigkeit) geforderte Betrag, zzgl. ggf. bereits fälliger Beträge; maßgeblich ist der Mindestunterhalt nach der zu diesem Zeitpunkt maßgebenden Altersstufe.

2 Nicht nur das Einkommen, sondern auch das Vermögen der Ehegatten ist zu berücksichtigen. Daneben Umfang und Bedeutung der Ehesache. Lesenswert hierzu: OLG Stuttgart, Beschl. v. 18.01.2018, 18 WF 149/17; Schleswig Holsteinisches OLG, Beschl. v. 04.10.2017, 10 WF 137/17; Brandenburgisches OLG, Beschl. v. 23.06.2014, 15 WF 11/14.

Die wichtigsten Gegenstandswerte im familienrechtlichen Mandat im Verbund	
Ehegattenunterhalt	§ 51 FamGKG: Nachehelicher Unterhalt, auch Unterhalt für die Dauer des Getrenntlebens: § 42 Abs. 1 GKG: Jahresbetrag der für die ersten zwölf Monate nach Anhängigkeit (nicht Rechtshängigkeit) geforderte Betrag, zzgl. ggf. bereits fälliger Beträge; jeweils je nach Auftrag des Mandanten.
Unterhaltssachen, die nicht Familienstreitsachen sind	§ 51 FamGKG: 500 €.
Unterhaltsabänderungsklage	§ 23 Abs. 1, Satz 1 RVG: Jahreswert der Differenz, zzgl. ggf. Rückstände.[3, 4]
Unterhaltsverzicht mit Wertsicherungsklausel	5 %–10 % des Jahresunterhaltsbetrages; §§ 51, 42 FamGKG i. V. m. § 23 RVG.
Rechtsverhältnisse an Ehewohnung ...	§ 48 Abs. 1 FamGKG: In Ehewohnungssachen nach § 200 Abs. 1 Ziff. 1 FamFG 4.000 €, in Ehewohnungssachen nach § 200 Abs. 1 Ziff. 2 FamFG 4.000 €, in Angelegenheiten der freiwilligen Gerichtsbarkeit 5.000 €.
... Haushalt	§ 48 Abs. 2 FamGKG: In Haushaltssachen nach § 200 Abs. 2 Ziff. 1 FamFG und in Angelegenheiten der freiwilligen Gerichtsbarkeit 2.000 €, in Haushaltssachen nach § 200 Abs. 2 Ziff. 2 FamFG und in Angelegenheiten der freiwilligen Gerichtsbarkeit 3.000 €.
Regelung über Herausgabe oder Nutzung persönlicher Dinge	§§ 23 RVG, 48 GKG, 7 ZPO: Verkehrswert.

In Verfahren der einstweiligen Anordnung ist der Wert in der Regel mit der Hälfte des für die Hauptsache zu bestimmenden Wertes anzusetzen; § 41 FamGKG. Wird die vorübergehende Regelung zur endgültigen, gibt es keinen Grund (mehr), den Wert zu halbieren.

3 Wird ein Antrag auf Herabsetzung einer Unterhaltszahlung mit einem Antrag auf Rückzahlung der nach Herabsetzung zu viel gezahlten Beträge verbunden, findet wegen wirtschaftlicher Identität der Gegenstände eine Wertaddition insoweit nicht statt, als sich Herabsetzung und Zahlung auf dieselben Unterhaltsbeträge beziehen OLG Köln, Beschl. v. 15.06.2010, 4 WF 13/10.

4 Bei Klage (auf Erhöhung des Unterhaltsbetrages) und Widerklage (auf Herabsetzung des Unterhaltsbetrages) sind die Werte zu addieren; kein Fall desselben Gegenstandes.

10. Tätigkeit im verwaltungs-, vergabe-, finanz-, verfassungs- und sozialrechtlichen Mandat

a) Verwaltungsrechtliche Verfahren

Das Verwaltungsverfahren sowie das einem gerichtlichen Verfahren vorausgehende und der Nachprüfung des Verwaltungsakts dienende weitere Verwaltungsverfahren (Vor-, Einspruchs-, Beschwerde- und Abhilfeverfahren) und das Verwaltungsverfahren auf Aussetzung oder Anordnung der sofortigen Vollziehung sowie über einstweilige Maßnahmen zur Sicherung der Rechte Dritter sind verschiedene Angelegenheiten (§ 17 Nr. 1 RVG) und lösen jeweils separate Gebührentatbestände wie folgt aus:

Für die außergerichtliche Tätigkeit gilt Teil 2 und die dazugehörige Vorbemerkung des VV. Für die Tätigkeit des Anwalts kann die Geschäftsgebühr gem. Nr. 2300 VV RVG zwischen 0,5 und 2,5 abgerechnet werden. Die Tätigkeit im Rahmen der Nachprüfung des daraufhin ergangenen Verwaltungsakts ist ebenfalls mit der Geschäftsgebühr abzurechnen. Bei der Bemessung einer Geschäftsgebühr innerhalb eines Rahmens ist nicht zu berücksichtigen, dass der Umfang der Tätigkeit infolge der vorangegangenen Tätigkeit geringer ist, so der neue Abs. 2 des § 14 RVG. Soweit wegen desselben Gegenstands mehrere (im Grunde maximal zwei) Geschäftsgebühren entstanden sind, wird die erste (Geschäftsgebühr) auf die folgende (Geschäftsgebühr) angerechnet; Vorbem. 2.3, Abs. 4 VV RVG und die letzte entstandene Geschäftsgebühr zur Hälfte, jedoch höchstens mit einem Gebührensatz von 0,75, auf eine Verfahrensgebühr für eine Tätigkeit im weiteren verwaltungsgerichtlichen Verfahren angerechnet.

Wird der Anspruch gerichtlich weiterverfolgt, fällt die Verfahrensgebühr Nr. 3100 VV RVG an. Die Anrechnung der Geschäftsgebühr hat nach Vorbem. 3 Abs. 4 VV RVG zu erfolgen.

Unabhängig hiervon kann ggf. die Terminsgebühr gemäß Nr. 3104 VV RVG angesetzt werden.

b) Vergaberechtliche Verfahren

Für die Vertretung des Mandanten im Rügeverfahren und im Verfahren vor der Vergabekammer kann jeweils die Geschäftsgebühr gem. Nr. 2300 VV RVG abgerechnet werden. Für die Bestimmung der Gebührenhöhe gilt § 14 RVG, wobei sich nach meinen Erfahrungen für die Tätigkeit vor der Kammer eine Gebühr von 2,3 „etabliert" hat. Gemäß § 14 Abs. 2 RVG ist auch die zweite Geschäftsgebühr – also die Geschäftsgebühr, auf die angerechnet wird – so zu bestimmen, als sei der Anwalt zuvor nicht tätig gewesen. Die Anrechnung hat gem. Vorbem. 2.3 Abs. 4 VV RVG zu erfolgen. Schließt sich hieran ein Verfahren vor dem Vergabesenat beim OLG an, kann dieser Verfahrensabschnitt gem. Vorbem. 3.2.1 Ziff. 2e nach den Vorschriften der Berufungsinstanz abgerechnet werden. Der Wert wird gem. § 50 Abs. 2 GKG mit 5 % des Bruttoauftragswertes berechnet.

c) Finanzgerichtliche Verfahren

Hinsichtlich der gerichtlichen Tätigkeit gelten die Gebühren in Teil 3 des Vergütungsverzeichnisses. Bei Finanzgerichtsverfahren gelten erstinstanzlich die in Abschnitt 2 Unterabschnitt 1 genannten Gebühren, mithin Verfahrensgebühr Nr. 3200 VV RVG von 1,6. Bei Erledigung ganz oder teilweise nach Rücknahme oder Änderung des mit einem Rechtsbehelf angefochtenen Verwaltungsaktes erhält der RA gem. Nr. 1002 VV RVG eine Erledigungsgebühr von 1,5. Sofern die Rücknahme bzw. Änderung des angefochtenen Verwaltungsakts im gerichtlichen Verfahren erfolgt, beträgt die Erledigungsgebühr gem. Nr. 1003 VV RVG 1,0.

Die Bemessung des Gegenstandswerts richtet sich nach § 52 GKG.

Zusammenfassung:

Für die außergerichtliche Tätigkeit gilt Teil 2 des VV, nämlich

- Vorverfahren: Geschäftsgebühr gem. Nr. 2300 VV RVG
  Gebührenrahmen zwischen 0,5–2,5
- Nachprüfung des daraufhin ergangenen Verwaltungsakts:
  Geschäftsgebühr gem. Nr. 2300 VV RVG
  Gebührenrahmen zwischen 0,5–2,5
- Sofern RA erstmals im Rechtsbehelfsverfahren tätig wird,
  Gebühr gem. Nr. 2300 VV RVG zwischen 0,5–2,5
- Sind für die vorgerichtliche Tätigkeit des RA zwei Geschäftsgebühren angefallen, wird die erstere auf die folgende angerechnet. Vorbem. 2.3, Abs. 4 VV RVG. Eine Ermäßigung der „Folge"-Geschäftsgebühr erfolgt nicht.
- Sofern der RA außergerichtlich bereits tätig war, wird die zuletzt entstandene Geschäftsgebühr für ein Verwaltungsverfahren auf die Gebühren für ein anschließendes gerichtliches Verfahren zur Hälfte, höchstens mit 0,75 angerechnet (vgl. Teil 2, Abschnitt 3, Anmerkung zu Nr. 2303 VV RVG).

Hinsichtlich der gerichtlichen Tätigkeit gelten die Gebühren in Teil 3 des Vergütungsverzeichnisses.

- Bei **Finanzgerichtsverfahren** gelten erstinstanzlich die in Abschnitt 2 Unterabschnitt 1 genannten Gebühren, also Verfahrensgebühr Nr. 3200 VV RVG von 1,6
- Bei **Erledigung** ganz oder teilweise nach Rücknahme oder Änderung des mit einem Rechtsbehelf angefochtenen Verwaltungsaktes erhält der RA gem. Nr. 1002 VV RVG eine Erledigungsgebühr von 1,5
- Sofern die **Rücknahme** bzw. Änderung des angefochtenen Verwaltungsakts im **gerichtlichen Verfahren** erfolgt, beträgt die Erledigungsgebühr gem. Nr. 1003 VV RVG 1,0

d) Verfassungsrechtliche Verfahren

Für die Tätigkeit vor Verfassungsgerichten in bestimmten Verfahren, die einem Strafverfahren ähnlich sind, gelten die Vorschriften für die Revision in Abschnitt 6 RVG i. V. m. Teil 4 Abschnitt 1 Unterabschnitt 3 VV:

Verfassungsgericht					
VV-Nr.	**Gebühren-tatbestand**	**Mindest-gebühr**	**Mittel-gebühr**	**Höchst-gebühr**	**Pflicht-verteidiger**
4130	Verfahrensgebühr	144,00	737,50	1.331,00	590,00
4131	mit Zuschlag	144,00	904,00	1.664,00	723,00
4132	Terminsgebühr	144,00	407,50	671,00	326,00
4133	mit Zuschlag	144,00	491,50	839,00	393,00

e) Sozialrechtliche Angelegenheiten

In sozialrechtlichen Angelegenheiten, in denen im gerichtlichen Verfahren Betragsrahmengebühren entstehen (§ 3 RVG), und Verfahren nach der WBO, wenn im gerichtlichen Verfahren das Verfahren vor dem Truppendienstgericht oder dem Bundesverwaltungsgericht an die Stelle des Verwaltungsrechtswegs gem. § 82 SG tritt, beträgt die Geschäftsgebühr nach Nr. 2302 VV RVG 65,00 € – 837,00 €. Ist die Tätigkeit weder schwierig noch umfangreich, beträgt die Gebühr höchstens 391,00 €.

Entwickelt sich die anwaltliche Tätigkeit nach Erteilung des Prozessauftrags weiter, und fällt damit nach der Geschäftsgebühr wegen desselben Gegenstands die Verfahrensgebühr Nr. 3102 VV RVG mit einem Betrag zwischen 65,00 € und 837,00 € an, muss eine Anrechnung gem. Vorbem. 3 Abs. 4 VV RVG erfolgen. Die Anrechnung der Geschäftsgebühr auf die Geschäftsgebühr – zur Hälfte, maximal mit einem Betrag i. H. v. 225,00 €.

Unberücksichtigt bleibt die Auslagenpauschale nach Nr. 7002 VV RVG.

Bei gütlicher Erledigung des Verfahrens kommen die Einigungs- bzw. Erledigungsgebühren nach Nr. 1005 und/oder 1006 VV RVG in Betracht.

Sozialgerichtsverfahren

Außergerichtliche Tätigkeit/Betragsrahmengebühren, § 3 RVG				
VV-Nr.	**Gebühren-tatbestand**	**Mindest-gebühr**	**Mittel-gebühr**	**Höchst-gebühr**
2302	Geschäftsgebühr Vorverfahren	65,00	451,00	837,00
Anm. zu Nr. 2302	Weder umfangreich noch schwierig			391,00
1005, 1006 i. V. m. Nrn. 1000 und 1002	Einigungsgebühr in Höhe der in Ansatz gebrachten Geschäfts- bzw. der Verfahrensgebühr			
Gerichtliche Tätigkeit/Betragsrahmengebühren, § 3 RVG				
Sozialgericht				
3102	Verfahrensgebühr	65,00	392,00	719,00
3106	Terminsgebühr	65,00	365,00	665,00
Anm. Satz 2 zu Nr. 3106	Terminsgebühr ohne mündliche Verhandlung			90 % der in Ansatz gebrachten Verfahrensgebühr
Landessozialgericht				
3204	Verfahrensgebühr	78,00	483,50	889,00
3205	Terminsgebühr	65,00	365,00	665,00
Anm. Satz 2 zu Nr. 3205	Terminsgebühr ohne mündliche Verhandlung			75 % der in Ansatz gebrachten Verfahrensgebühr
1006 i. V. m. Nr. 1005	Einigungsgebühr in Höhe der Verfahrensgebühr			

Bundessozialgericht				
3212	Verfahrensgebühr	105,00	628,00	1.151,00
3213	Terminsgebühr	105,00	592,00	1.079,00
Anm. Satz 2 zu Nr. 3213	Terminsgebühr ohne mündliche Verhandlung			90 % der in Ansatz gebrachten Verfahrensgebühr
1006 i.V.m. Nr. 1005	Einigungsgebühr in Höhe der Verfahrensgebühr			

11. Tätigkeit im strafrechtlichen Mandat, Bußgeldverfahren

Für die Tätigkeit in Straf- und Bußgeldangelegenheiten – unabhängig davon, ob die Tätigkeit als Beistand oder Vertreter eines Privatklägers, eines Nebenklägers, eines Einziehungs- oder Nebenbeteiligten, eines Verletzten, eines Zeugen oder Sachverständigen ausgeübt wird – und für die Tätigkeit im Verfahren nach dem Strafrechtlichen Rehabilitierungsgesetz erhält der Rechtsanwalt die gleichen Gebühren wie ein Verteidiger. Hier sind die Gebührentatbestände des 4. und 5. Teils des Vergütungsverzeichnisses maßgeblich; es handelt sich durchwegs um Betragsrahmengebühren. Ausnahmen bilden die Gebühren für die Tätigkeit im Adhäsionsverfahren – aber das muss so sein, nur hier ist die Berechnung eines Gegenstandswertes überhaupt denkbar.

In Strafsachen orientiert sich die Höhe der Gebühr am sachlich zuständigen Gericht; in Bußgeldverfahren an der verhängten Geldbuße.

Die Gebühren des Verteidigers richten sich nach Nrn. 4100–4304 VV RVG. Der Wahlverteidiger erhält Rahmengebühren; der gerichtlich bestellte oder beigeordnete Anwalt Festgebühren i.H.v. 80 % der Mittelgebühr des Wahlanwalts.

Sofern sich der Beschuldigte nicht auf freiem Fuß befindet, erfolgt eine Anhebung der Höchstgebühr des Gebührenrahmens um 25 %; Vorbem. 4, Abs. 4 VV RVG. Die Gebühren werden in den Tabellen des sog. **Haftzuschlags** „mit Zuschlag“ ausgewiesen.

Der sog. **Längenzuschlag** kann bei der Abrechnung der Terminsgebühr des Pflichtverteidigers dann geltend gemacht werden, wenn er an einem Termin zur Hauptverhandlung zwischen 5 und 8 Stunden oder länger als 8 Stunden teilnimmt.

Zwischenzeitlich ist geklärt, wie mit Sitzungsunterbrechungen und Wartezeiten umzugehen ist: Vorbemerkung 4.1. wurde um einen Absatz 3 ergänzt und somit sind – soweit es der Anwalt nicht zu vertreten hat – Breaks mit bis zu 60 Minuten nicht zu berücksichtigen. Die Hauptverhandlung „läuft" weiter.

In Frage kommt die Grundgebühr Nr. 4100 VV RVG für die erstmalige Einarbeitung in den Rechtsfall, unabhängig davon, in welchem Verfahrensabschnitt die Beauftragung erfolgt, sei es im Ermittlungsverfahren oder aber für die Tätigkeit im gerichtlichen Verfahren der ersten, zweiten oder dritten Instanz. Die Grundgebühr kann pro Mandat insgesamt nur einmal angesetzt werden.

Daneben kann der Verteidiger in jedem Verfahrensabschnitt Verfahrens- und Terminsgebühren verdienen. Nicht jedoch im vorbereitenden oder im Ermittlungsverfahren, hier nur die Verfahrensgebühr. Unabhängig hiervon können Terminsgebühren gem. Nr. 4102 VV RVG angesetzt werden für die Teilnahme an

- richterlichen Vernehmungen und Augenscheinseinnahmen,
- Vernehmungen durch die Staatsanwaltschaft oder eine andere Strafverfolgungsbehörde, wie z. B. Polizei, Zoll oder Steuerfahndung,
- Haftprüfungsterminen außerhalb der Hauptverhandlung,
- Verhandlungen im Rahmen des Täter-Opfer-Ausgleichs sowie
- Sühneterminen nach § 380 StPO.

Hierbei gelten mehrere Termine gegen ein und denselben Beschuldigten an einem Tag als ein Termin. Die Gebühr kann im vorbereitenden Verfahren und in jedem Rechtszug für die Teilnahme an jeweils bis zu drei Terminen einmal abgerechnet werden.

Wird durch Mitwirken des Anwaltes die Hauptverhandlung entbehrlich, so kann eine zusätzliche Gebühr in Höhe der jeweiligen Verfahrensgebühr, ohne Zuschlag, geltend gemacht werden, Nr. 4141 VV RVG. Voraussetzung ist, dass das Strafverfahren nicht nur vorläufig eingestellt oder durch andere verfahrensbeendende Maßnahmen eine Entlastung des Gerichts erreicht wird.

Kurz zu den Auslagen: Bei einem Ordnungswidrigkeitenverfahren vor der Verwaltungsbehörde und vor dem Amtsgericht handelt es sich um verschiedene Angelegenheiten.

In § 17 Nr. 10 RVG wurde festgelegt, dass das strafrechtliche Ermittlungsverfahren und ein nachfolgendes gerichtliches Verfahren verschiedene Angelegenheiten sind. Damit können in beiden Verfahrensabschnitten gesonderte Gebühren und Auslagen entstehen.

Übersicht:

a) Gebühren im Strafverfahren

Unterabschnitt 1: Gebühren des Verteidigers

Allgemeine Gebühren, Nrn. 4100–4102 VV RVG					
VV-Nr.	**Gebühren-tatbestand**	**Mindest-gebühr**	**Mittel-wert**	**Höchst-gebühr**	**Pflicht-verteidiger**
4100	Grundgebühr	48,00	240,00	432,00	192,00
4101	mit Zuschlag	48,00	294,00	540,00	235,00
4102	Terminsgebühr	48,00	204,00	360,00	163,00
4103	mit Zuschlag	48,00	249,00	450,00	199,00

Die Grundgebühr gem. Nr. 4100 VV RVG fällt einmalig an.
Die Terminsgebühr gem. Nr. 4102 VV RVG entsteht für die Teilnahme an Terminen außerhalb der Hauptverhandlung, u.a. bei richterlichen, staatsanwaltschaftlichen, polizeilichen Vernehmungen oder Verhandlungen über die Anordnung oder Fortdauer der Untersuchungshaft. Die Terminsgebühr kann ebenfalls in jedem gerichtlichen Verfahrensabschnitt entstehen; für die Teilnahme an jeweils bis zu drei Terminen außerhalb des gerichtlichen Verfahrens entsteht sie jedoch nur einmal (vgl. Nr. 4102 VV RVG).

Unterabschnitt 2: Vorbereitendes Verfahren

Vorbereitendes Verfahren, Nrn. 4104–4105 VV RVG					
VV-Nr.	**Gebühren-tatbestand**	**Mindest-gebühr**	**Mittel-wert**	**Höchst-gebühr**	**Pflicht-verteidiger**
4104	Verfahrensgebühr	48,00	198,00	348,00	158,00
4105	mit Zuschlag	48,00	241,50	435,00	193,00

Unterabschnitt 3: Gerichtliches Verfahren

Verfahren vor dem Amtsgericht, Nrn. 4106–4111 VV RVG					
VV-Nr.	**Gebühren-tatbestand**	**Mindest-gebühr**	**Mittel-wert**	**Höchst-gebühr**	**Pflicht-verteidiger**
4106	Verfahrensgebühr	48,00	198,00	348,00	158,00
4107	mit Zuschlag	48,00	241,50	435,00	193,00

Verfahren vor dem Amtsgericht, Nrn. 4106–4111 VV RVG (Forts.)					
VV-Nr.	**Gebühren-tatbestand**	**Mindest-gebühr**	**Mittel-wert**	**Höchst-gebühr**	**Pflicht-verteidiger**
4108	Terminsgebühr	84,00	330,00	576,00	264,00
4109	mit Zuschlag	84,00	401,50	719,00	321,00
4110	Zusatzgebühr, wenn der Pflichtverteidiger mehr als 5 und bis zu 8 Std. an der Hauptverhandlung teilnimmt.				132,00
4111	Zusatzgebühr, wenn der Pflichtverteidiger mehr als 8 Std. an der Hauptverhandlung teilnimmt.				264,00

Verfahren vor der Strafkammer/Jugendkammer/Rehabilitierungsverfahren, Nrn. 4112–4117 VV RVG					
VV-Nr.	**Gebühren-tatbestand**	**Mindest-gebühr**	**Mittel-wert**	**Höchst-gebühr**	**Pflicht-verteidiger**
4112	Verfahrensgebühr	60,00	222,00	384,00	178,00
4113	mit Zuschlag	60,00	270,00	480,00	216,00
4114	Terminsgebühr	96,00	383,50	671,00	307,00
4115	mit Zuschlag	96,00	467,50	839,00	374,00
4116	Zusatzgebühr, wenn der Pflichtverteidiger mehr als 5 und bis zu 8 Std. an der Hauptverhandlung teilnimmt.				154,00
4117	Zusatzgebühr, wenn der Pflichtverteidiger mehr als 8 Std. an der Hauptverhandlung teilnimmt.				307,00

Verfahren vor dem Oberlandesgericht, dem Schwurgericht oder der Strafkammer nach §§ 74a und 74c GVG sowie der Jugendkammer, soweit diese in Sachen entscheidet, die nach den allgemeinen Vorschriften zur Zuständigkeit des Schwurgerichts gehören, Nrn. 4118–4123 VV RVG					
VV-Nr.	**Gebühren-tatbestand**	**Mindest-gebühr**	**Mittel-wert**	**Höchst-gebühr**	**Pflicht-verteidiger**
4118	Verfahrensgebühr	120,00	473,50	827,00	379,00
4119	mit Zuschlag	120,00	577,00	1.034,00	462,00
4120	Terminsgebühr	156,00	635,50	1.115,00	508,00
4121	mit Zuschlag	156,00	775,00	1.394,00	620,00
4122	Zusatzgebühr, wenn der Pflichtverteidiger mehr als 5 und bis zu 8 Std. an der Hauptverhandlung teilnimmt.				254,00
4123	Zusatzgebühr, wenn der Pflichtverteidiger mehr als 8 Std. an der Hauptverhandlung teilnimmt.				508,00

Berufungsverfahren, Nrn. 4124–4129 VV RVG					
VV-Nr.	**Gebühren-tatbestand**	**Mindest-gebühr**	**Mittel-wert**	**Höchst-gebühr**	**Pflicht-verteidiger**
4124	Verfahrensgebühr	96,00	383,50	671,00	307,00
4125	mit Zuschlag	96,00	467,50	839,00	374,00
4126	Terminsgebühr	96,00	383,50	671,00	307,00
4127	mit Zuschlag	96,00	467,50	839,00	374,00
4128	Zusatzgebühr, wenn der Pflichtverteidiger mehr als 5 und bis zu 8 Std. an der Hauptverhandlung teilnimmt.				154,00
4129	Zusatzgebühr, wenn der Pflichtverteidiger mehr als 8 Std. an der Hauptverhandlung teilnimmt.				307,00

Revisionsverfahren, Nrn. 4130–4135 VV RVG					
VV-Nr.	**Gebühren-tatbestand**	**Mindest-gebühr**	**Mittel-wert**	**Höchst-gebühr**	**Pflicht-verteidiger**
4130	Verfahrensgebühr	144,00	737,50	1.331,00	590,00
4131	mit Zuschlag	144,00	904,00	1.664,00	723,00
4132	Terminsgebühr	144,00	407,50	671,00	326,00
4133	mit Zuschlag	144,00	491,50	839,00	393,00
4134	Zusatzgebühr, wenn der Pflichtverteidiger mehr als 5 und bis zu 8 Std. an der Hauptverhandlung teilnimmt.				163,00
4135	Zusatzgebühr, wenn der Pflichtverteidiger mehr als 8 Std. an der Hauptverhandlung teilnimmt.				326,00

Grundgebühr und Terminsgebühr außerhalb der Hauptverhandlung entstehen nach Unterabschnitt 1 (vgl. S. 45).

Im jeweiligen Rechtszug entsteht eine Verfahrensgebühr; die Terminsgebühr entsteht – im Unterschied zu den Zivilsachen – je Hauptverhandlungstag.

Special zu den Terminsgebühren im strafrechtlichen Mandat

Für alle Abschnitte gilt: Die Terminsgebühr kann auch dann abgerechnet werden, wenn der Anwalt zu einem Termin erscheint, der nicht stattfindet – und diesen Terminsausfall nicht zu vertreten hat – nicht jedoch, wenn die Abladung rechtzeitig bekannt gemacht wurde.

Unterabschnitt 5: Zusätzliche Gebühren

Befriedungsgebühr:
Nach Nr. 4141 VV RVG erhält der RA, durch dessen Mitwirkung die Hauptverhandlung entbehrlich wird, eine zusätzliche Gebühr in Höhe der jeweiligen Verfahrensgebühr – ohne Zuschlag. Die Höhe der Gebühr richtet sich nach dem Rechtszug, in dem die Hauptverhandlung vermieden wurde. Für den Wahlanwalt bemisst sich die Gebühr nach der Rahmenmitte (Nr. 4141 Abs. 3 VV RVG). Die Voraussetzungen in Nr. 4141 VV RVG müssen erfüllt sein, nämlich:

(1) endgültige (nicht nur vorübergehende) Einstellung des Strafverfahrens,
(2) das Gericht beschließt, das Hauptverfahren nicht zu eröffnen, oder
(3) das gerichtliche Verfahren wird durch Rücknahme des Einspruchs gegen den Strafbefehl, der Berufung oder der Revision des Angeklagten oder eines anderen Verfahrensbeteiligten erledigt; ist bereits der Termin zur Hauptverhandlung bestimmt, entsteht die Gebühr nur, wenn der Einspruch, die Berufung oder die Revision früher als zwei Wochen vor Beginn des Tages, der für die Hauptverhandlung vorgesehen war, zurückgenommen wird; oder
(4) das Verfahren durch Beschluss nach § 411 Abs. 1 Satz 3 StPO endet.

Zusätzliche Wertgebühren gem. Nrn. 4142–4145 VV RVG sind vorgesehen bei

- Einziehung und verwandten Maßnahmen/Gebühr 1,0
- Adhäsionsverfahren/Gebühr 2,0/2,5
- Beschwerde nach § 25 Abs. 1 Satz 3, § 13 StrRehaG/Gebühr . . . . . .1,5.

Eine Einigung im Privatklageverfahren bezüglich des Strafanspruchs und des Kostenerstattungsanspruchs löst die Einigungsgebühr nach Nr. 4146 i. V. m. Nr. 1000 VV RVG – Gebühr in Höhe der jeweiligen Verfahrensgebühr (ohne Zuschlag) – aus.

Abschnitt 2/Gebühren in der Strafvollstreckung, Nrn. 4200–4207 VV RVG					
VV-Nr.	**Gebühren-tatbestand**	**Mindest-gebühr**	**Mittel-wert**	**Höchst-gebühr**	**Pflicht-verteidiger**
4200	Verfahrensgebühr	72,00	437,50	803,00	350,00
4201	mit Zuschlag	72,00	538,00	1.004,00	430,00
4202	Terminsgebühr	72,00	216,00	360,00	173,00
4203	mit Zuschlag	72,00	261,00	450,00	209,00
4204	Verfahrensgebühr	36,00	198,00	360,00	158,00
4205	mit Zuschlag	36,00	243,00	450,00	194,00
4206	Terminsgebühr	36,00	198,00	360,00	158,00
4207	mit Zuschlag	36,00	243,00	450,00	194,00

Abschnitt 3/Gebühren bei Einzeltätigkeiten ohne Übertragung der Verteidigung, Nrn. 4300–4303 VV RVG					
VV-Nr.	**Gebühren-tatbestand**	**Mindest-gebühr**	**Mittel-wert**	**Höchst-gebühr**	**Pflicht-verteidiger**
4300	Verfahrensgebühr (Revisionsbegründung, -einlegung)	72,00	437,50	803,00	350,00
4301	Berufungsrechtfertigung, -beantwortung usw.	48,00	300,00	552,00	240,00
4302	Einlegung von Rechtsmitteln usw.	36,00	192,00	348,00	154,00
4303	Vertretung in Gnadensachen	36,00	198,00	360,00	
4304	Gebühr für Tätigkeit als Kontaktperson (§ 34a EGGVG)				4.197,00

b) Gebühren in Bußgeldsachen

Unterabschnitt 1/Allgemeine Gebühren					
VV-Nr.	**Gebühren-tatbestand**	**Mindest-gebühr**	**Mittel-wert**	**Höchst-gebühr**	**Pflicht-verteidiger**
5100	Grundgebühr	36,00	120,00	204,00	96,00

Außergerichtliche Tätigkeit

Unterabschnitt 2: Verfahren vor der Verwaltungsbehörde, Nrn. 5101–5106 VV RVG					
VV-Nr.	**Gebühren-tatbestand**	**Mindest-gebühr**	**Mittel-wert**	**Höchst-gebühr**	**Pflicht-verteidiger**
5101	Verfahrensgebühr weniger als 80,00 € Bußgeld	24,00	78,00	132,00	62,00
5102	Terminsgebühr	24,00	78,00	132,00	62,00
5103	Verfahrensgebühr 80,00 € – 5.000,00 € Bußgeld	36,00	192,00	348,00	154,00
5104	Terminsgebühr	36,00	192,00	348,00	154,00
5105	Verfahrensgebühr über 5.000,00 € Bußgeld	48,00	204,00	360,00	163,00
5106	Terminsgebühr	48,00	204,00	360,00	163,00

Gerichtliches Verfahren

Unterabschnitt 3: Verfahren vor dem Amtsgericht, Nrn. 5107–5112 VV RVG					
VV-Nr.	**Gebühren-tatbestand**	**Mindest-gebühr**	**Mittel-wert**	**Höchst-gebühr**	**Pflicht-verteidiger**
5107	Verfahrensgebühr weniger als 80,00 € Bußgeld	24,00	78,00	132,00	62,00
5108	Terminsgebühr	24,00	156,00	288,00	125,00

Verfahren vor dem Amtsgericht, Nrn. 5107–5112 VV RVG (Forts.)					
VV-Nr.	**Gebühren-tatbestand**	**Mindest-gebühr**	**Mittel-wert**	**Höchst-gebühr**	**Pflicht-verteidiger**
5109	Verfahrensgebühr 80,00 € – 5.000,00 € Bußgeld	36,00	192,00	348,00	154,00
5110	Terminsgebühr	48,00	306,00	564,00	245,00
5111	Verfahrensgebühr über 5.000,00 € Bußgeld	60,00	240,00	420,00	192,00
5112	Terminsgebühr	96,00	383,50	671,00	307,00

Unterabschnitt 4: Verfahren über die Rechtsbeschwerde, Nrn. 5113–5114 VV RVG					
VV-Nr.	**Gebühren-tatbestand**	**Mindest-gebühr**	**Mittel-wert**	**Höchst-gebühr**	**Pflicht-verteidiger**
5113	Verfahrensgebühr	96,00	383,50	671,00	307,00
5114	Terminsgebühr	96,00	383,50	671,00	307,00

Unterabschnitt 5: Zusätzliche Gebühren

Gem. Nr. 5115 VV RVG erhält der RA, durch dessen Mitwirkung das Verfahren vor der Verwaltungsbehörde oder die Hauptverhandlung entbehrlich wird, eine zusätzliche Gebühr in Höhe der jeweiligen Verfahrensgebühr. Die Höhe der Gebühr richtet sich nach dem Rechtszug, in dem die Hauptverhandlung vermieden wurde. Für den Wahlanwalt bemisst sich die Gebühr nach der Rahmenmitte. Die Voraussetzungen in Nr. 5115 VV RVG müssen erfüllt sein, nämlich:

(1) endgültige Einstellung des Verfahrens,
(2) der Einspruch gegen den Bußgeldbescheid wird zurückgenommen oder
(3) der Bußgeldbescheid wird nach Einspruch von der Verwaltungsbehörde zurückgenommen und gegen einen neuen Bußgeldbescheid wird kein Einspruch eingelegt, oder
(4) das gerichtliche Verfahren erledigt sich durch Rücknahme des Einspruchs gegen den Bußgeldbescheid oder der Rechtsbeschwerde; ist bereits der Termin zur Hauptverhandlung bestimmt, entsteht die Ge-

bühr nur, wenn der Einspruch oder die Rechtsbeschwerde früher als zwei Wochen vor Beginn des Tages, der für die Hauptverhandlung vorgesehen war, zurückgenommen wird, oder

(5) das Gericht entscheidet nach § 72 Abs. 1 Satz 1 OWiG durch Beschluss.

Zusätzliche Wertgebühr von 1,0 gem. Nr. 5116 VV RVG ist wie im Strafverfahren vorgesehen im Zusammenhang mit der Einziehung und verwandten Maßnahmen.

Abschnitt 2: Gebühren bei Einzeltätigkeiten ohne Übertragung der Verteidigung					
VV-Nr.	**Gebühren-tatbestand**	**Mindest-gebühr**	**Mittel-wert**	**Höchst-gebühr**	**Pflicht-verteidiger**
5200	Verfahrensgebühr	24,00	78,00	132,00	62,00

Beispiel Bußgeldverfahren: Rechtsanwalt R vertritt Mandant M im Verfahren vor der Bußgeldstelle und dem anschließenden Verfahren vor dem Amtsgericht in einer Verkehrsordnungswidrigkeitensache. M soll die Geschwindigkeit innerhalb der geschlossenen Ortschaft deutlich überschritten haben. Die Geldbuße war im Bußgeldbescheid mit 120,00 € festgesetzt. Nach Einlegung des Einspruchs wird ein Termin vor dem AG angesetzt, den R für M wahrnimmt. Hier stellt sich heraus, dass das Messgerät nicht mehr gültig geeicht war. Der Richter nimmt nun einen höheren Sicherheitsabschlag vor und setzt im Ergebnis die Buße mit 80,00 € fest.

Welche Gebühren können abgerechnet werden?

Grundgebühr gem. Nr. 5100 VV RVG	120,00 €
Verfahrensgebühr gem. Nr. 5103 VV RVG	192,00 €
Post- und Telekommunikationspauschale Nr. 7002 VV RVG	20,00 €
Verfahrensgebühr gem. Nr. 5109 VV RVG	192,00 €
Terminsgebühr gem. Nr. 5110 VV RVG	306,00 €
Post- und Telekommunikationspauschale Nr. 7002 VV RVG	20,00 €
Zwischensumme	850,00 €
Umsatzsteuer gem. Nr. 7008 VV RVG	161,50 €
SUMME	**1.011,50 €**

12. Auslagen

Die Vergütung des Anwalts besteht aus Gebühren und Auslagen; § 1 RVG. Neben den Gebühren sind dem Mandanten auch die Auslagen nach Nr. 7000 ff. VV RVG in Rechnung zu stellen, wobei sich der Anspruch auf Erstattungsfähigkeit der Auslagen aus den §§ 670, 675 BGB ergibt.

Die allgemeinen Geschäftsunkosten wie Büromiete, Gehälter der Angestellten usw. sind mit den Gebühren abgegolten und dürfen nicht extra in Rechnung gestellt werden.

Höhe und Anlass der abzurechnenden **Kopiekosten** ergeben sich aus der Tabelle, die Sie auf S. 123 f. finden.

Nr.	Auslagentatbestand	Höhe
7000	Pauschale für die Herstellung und Überlassung von Dokumenten: 1. für Kopien und Ausdrucke a) aus Behörden- und Gerichtsakten, soweit deren Herstellung zur sachgemäßen Bearbeitung der Rechtssache geboten war, b) zur Zustellung oder Mitteilung an Gegner oder Beteiligte und Verfahrensbevollmächtigte aufgrund einer Rechtsvorschrift oder nach Aufforderung durch das Gericht, die Behörde oder die sonst das Verfahren führende Stelle, soweit hierfür mehr als 100 Seiten zu fertigen waren, c) zur notwendigen Unterrichtung des Auftraggebers, soweit hierfür mehr als 100 Seiten zu fertigen waren, d) in sonstigen Fällen nur, wenn sie im Einverständnis mit dem Auftraggeber zusätzlich, auch zur Unterrichtung Dritter angefordert worden sind:	
	für die ersten 50 abzurechnenden Seiten je Seite	0,50 €
	für jede weitere Seite	0,15 €
	für die ersten 50 abzurechnenden Seiten in Farbe je Seite	1,00 €
	für jede weitere abzurechnende Seite in Farbe	0,30 €
	2. Überlassung von elektronisch gespeicherten Dateien oder deren Bereitstellung zum Abruf anstelle der in Nummer 1 Buchstabe d) genannten Kopien und Ausdrucke:	
	je Datei	1,50 €
	für die in einem Arbeitsgang überlassenen, bereitgestellten oder in einem Arbeitsgang auf denselben Datenträger übertragenen Dokumente insgesamt höchstens	5,00 €

Werden zum Zweck der Überlassung von elektronisch gespeicherten Dateien Dokumente im Einverständnis mit dem Auftraggeber zuvor von der Papierform in die elektronische Form übertragen, beträgt die Dokumentenpauschale nach Nummer 2 nicht weniger, als die Dokumentenpauschale im Fall der Nummer 1 betragen würde.

Entgelte für Post- und Telekommunikationsdienstleistungen können entweder in voller Höhe abgerechnet werden – damit ist das eine reine Frage der Kanzleiorganisation – oder aber per Pauschale: 20 % der Gebühren, max. 20,00 € pro Angelegenheit; Nr. 7001, 7002 VV RVG.

Unternimmt der Anwalt eine Geschäftsreise, d. h., er verlässt die politische Gemeinde, in der entweder die Kanzlei ansässig ist oder er wohnt, sind **Tages- und Abwesenheitsgelder** wie folgt anzusetzen. Berücksichtigt wird die Zeit zwischen dem Verlassen der Kanzlei und der Rückkehr, wobei Pufferzeiten für einen eventuellen Stau, Zugverspätung, Parkplatzsuche zu berücksichtigen sind. Die **Fahrtkosten** betragen für jeden gefahrenen Kilometer 0,42 €. Sonstige Auslagen, wie z. B. Kosten eines Parkhauses oder Übernachtungskosten können, soweit sie angemessen sind, in voller Höhe abgerechnet werden.

Beträge der Tages- und Abwesenheitsgelder	Inland	Ausland
bis zu 4 Stunden	30,00 €	bis 45,00 €
4 bis 8 Stunden	50,00 €	bis 75,00 €
Über 8 Stunden	80,00 €	bis 120,00 €

13. Umsatzsteuer

Gemäß § 104 Abs. 2 Satz 3 ZPO kann die Mehrwertsteuer bei der Kostenfestsetzung nur berücksichtigt werden, wenn der Antragsteller zum Vorsteuerabzug nicht berechtigt ist und die entsprechende Erklärung abgibt.

Bei der Umsatzsteuer auf durchlaufende Posten ist auf die Person des Kostenschuldners abzustellen. Werden Kosten im Interesse und im Auftrag des Mandanten verauslagt, z. B. bei der Aktenversendungspauschale oder die Kosten für eine Anfrage beim Einwohnermeldeamt – und ist damit der Anwalt selbst Kostenschuldner –, sind diese Beträge keine durchlaufenden Posten, sondern umsatzsteuerbare Leistungen, die mit der 19%igen Umsatzsteuer in Rechnung gestellt werden müssen. Wenn und soweit der Mandant selbst Kostenschuldner ist, wie z. B. für die gemäß § 1 GKG zu tragenden Gerichtskosten, besteht keine Umsatzsteuerpflicht. Dies gilt unabhängig davon, ob dem Anwalt selbst Umsatzsteuer in Rechnung gestellt wurde oder nicht und wer in der jeweiligen Rechnung als Rechnungsadressat erscheint.

Was ist zu bezahlen?	Kosten-schuldner?	Umsatzsteuer-pflicht?
Gerichtskosten und Vorschüsse für Zivilprozess	Mandant	nein
Gerichtskosten für Mahnverfahren, Pfändungs- und Überweisungsbeschlüsse	Mandant	nein
Eintragung in Grundbuch, Handelsregister	Mandant	nein
Gerichtskosten und Vorschüsse für Sachverständige, Gutachter, Dolmetscher	Mandant	nein
Gerichtskosten für Straf- und Bußgeldverfahren	Mandant	nein
Gerichtsvollzieherkosten	Mandant	nein
Aktenversendungspauschale	Anwalt	ja
Grundbuchabrufgebühren	Notar	ja
Kosten und Gebühren für Anfragen beim • Einwohnermeldeamt • Registergericht • Grundbuchamt • Gewerberegister • Insolvenzgericht • Schuldnerkartei • www.vollstreckungsportal.de	Anwalt	ja

14. Übergangsregelungen

a) Übergangsrecht im RVG

Wie immer, wenn ein neues Gesetz in Kraft tritt, sind für bereits laufende Mandate die jeweiligen Übergangsvorschriften zu beachten, also abzuklären, ob altes oder neues Recht – hier also das RVG in der Fassung bis zum 31.05.2025 oder 31.12.2020 oder das RVG in der jeweils neuen Fassung – anzuwenden ist.

Maßgeblich für die Abgrenzung zwischen neuem und altem Recht ist der **Zeitpunkt der unbedingten Auftragserteilung** im Sinne der §§ 15, 60 Abs. 1 Satz 1 RVG. Damit gilt: Wurde der unbedingte Auftrag zur Erledigung derselben Angelegenheit, zur Vertretung oder Verteidigung bis zum 31.05.2025 bzw. 31.12.2020 erteilt, so ist eine Abrechnung nach dem RVG in der „alten" Fassung vorzunehmen. Dies gilt nicht nur für die Gebührenbeträge, sondern für das komplette Vergütungsrecht als solches. Dabei ist es unerheblich, ob die anwaltliche, auf die Erledigung des Auftrages gerichtete Tätigkeit erst nach dem 01.06.2025, bzw. 01.01.2021, beispielsweise aus Überlastungsgründen oder weil die Gegenseite erst nach dem 01.06.2025, bzw. 01.01.2021 antwortet, erfolgt oder nicht.

Bei PKH/VKH-Mandaten ist ebenfalls auf die Erteilung des Auftrags abzustellen, nicht auf den Zeitpunkt der PKH/VKH-Bewilligung. Dies gilt auch für Mandate im Rahmen der Beratungshilfe: Auch wenn der Beratungshilfeschein schon vor dem 31.05.2025 ausgestellt wurde, gelten doch die neuen Beträge, wenn der Auftrag nach dem 01.06.2025 erteilt wird.

Kommt es nach dem Stichtag zu einer Klageerweiterung oder Widerklage, so gilt gem. § 60 Abs. 2 RVG für das gesamte Mandat das bisherige Recht, wenn der ursprüngliche Auftrag davor erteilt wurde. Dies gilt auch im familienrechtlichen Mandat: Auch wenn nach dem Stichtag weitere Folgesachen „in Auftrag" gegeben werden, so gilt für den gesamten Verbund das bisherige Recht.

Liegt **kein Auftrag** des Mandanten vor, wie z. B. in Pflichtverteidiger-Mandaten, greift § 60 Abs. 1 Satz 3 RVG. Dadurch soll erreicht werden, dass bestellte oder beigeordnete Rechtsanwälte die Vergütung aus der Staatskasse insgesamt nach demselben Recht erhalten, das für die zuvor in derselben Angelegenheit entstandene Wahlvergütung gilt, auch wenn keine Gebühr aus der Staatskasse zu zahlen ist, die vor dem Stichtag entstanden ist. Dies hat massive Auswirkungen auf die Pflichtverteidiger. Die im Grunde positive Rückwirkungsvorschrift des § 48 Abs. 6 RVG wird konterkariert, da sie die Vergütung des Pflichtverteidigers nun altem Recht unterstellt. Auch eine vor Inkrafttreten des Gesetzes ausgeübte Tätigkeit als Wahlverteidiger soll zur Anwendbarkeit des alten Rechts führen, auch wenn die Beiordnung erst nach Inkrafttreten des neuen Gesetzes erfolgt, der Weg zur Anwendung des neuen Rechts also eigentlich frei ist.

Bei all diesen Überlegungen ist jede Instanz für sich zu betrachten.

b) Übergangsrecht im GKG und FamGKG

Hier gilt für die Bestimmung, ob die Gerichtskosten nach der „alten" oder „neuen" Tabelle berechnet werden, § 71 GKG bzw. § 63 FamGKG: Wie immer ist der Zeitpunkt der Anhängigkeit oder der Einleitung des Verfahrens maßgeblich.

Auch hier ist jede Instanz isoliert zu bewerten.

15. Anwendungsbeispiele

a) Anwaltsgebühren und Fotokopiekosten (Tabellen S. 66 ff. und S. 123 f.)

Dargestellt sind alle gängigen Gebührenschritte der außergerichtlichen und der gerichtlichen Tätigkeit in den Instanzen I bis III.

Wegen der Änderungen in Nr. 2300 VV RVG sind in der Neuauflage auch Spalten mit 0,25 und 0,45 (also jeweils die Hälfte einer 0,5, bzw. 0,9 Gebühr) aufgenommen.

b) Nicht anrechenbare Geschäftsgebühr bei Ansatz der Regel-Geschäftsgebühr

Anhand der Spalte 0,65 zuzüglich Auslagen und Umsatzsteuer der Kostenübersichtstabelle bei den Anwaltsgebühren kann auf einen Blick die nicht anrechenbare Geschäftsgebühr im Ausgangsfall des Ansatzes der Regel-Geschäftsgebühr von 1,3 gem. Nr. 2300 VV RVG festgestellt werden, welche ggf. in einem nachfolgenden Mahn-/Klageverfahren für den Auftraggeber geltend zu machen ist. Bitte beachten Sie, dass lediglich die Geschäftsgebühr gem. Nr. 2300 VV RVG gem. Vorbem. 3 Abs. 4 VV RVG auf eine nachfolgende Verfahrensgebühr anzurechnen ist. Dies gilt dagegen nicht für die Auslagenpauschale gem. Nr. 7002 VV RVG. Diese bleibt in der Höhe bestehen, in welcher sie außergerichtlich entstanden ist, und wird nicht aus der nach der Anrechnung verbleibenden Verfahrensgebühr errechnet.

c) Kostenrisiko (Tabelle S. 66 ff.)

Hinsichtlich des Kostenrisikos wurden die üblicherweise anfallenden Gebühren berücksichtigt, also

1. Instanz: 2 RAe → 2 × 2,5 RA-Gebühren zzgl. Auslagen und 19 % USt. zzgl. 3,0 GKG-Gebühren gem. KV Nr. 1210 sowie im Falle eines Vergleichs 2 RAe → 2 × 3,5 RA-Gebühren zzgl. Auslagen und 19 % USt. zzgl. 1,0 GKG-Gebühr gem. KV Nrn. 1211/1210,

2. Instanz: 2 RAe → 2 × 2,8 RA-Gebühren zzgl. Auslagen und 19 % USt. zzgl. 4,0 GKG-Gebühren gem. KV Nr. 1220 sowie im Falle eines Vergleichs 2 RAe → 2 × 4,1 RA-Gebühren zzgl. Auslagen und 19 % USt. zzgl. 2,0 GKG-Gebühren gem. KV Nrn. 1222/1220

3. Instanz: 2 RAe → 2 × 3,1 RA-Gebühren zzgl. Auslagen und 19 % USt. zzgl. 5,0 GKG-Gebühren gem. KV Nr. 1230 sowie im Falle, dass sich die Parteien nur durch einen BGH-RA vertreten lassen können, 2 BGH-RAe → 2 × 3,8 RA-Gebühren zzgl. Auslagen und 19 % USt. zzgl. 5,0 GKG-Gebühren gem. KV Nr. 1230 sowie im Falle eines Vergleiches 2 BGH-RAe → 2 × 5,1 RA-Gebühren zzgl. Auslagen und 19 % USt. zzgl. 3,0 GKG-Gebühren gem. KV Nrn. 1232/1230

Mahnverfahren: Kosten 1 RA, also 1,5 RA-Gebühren zzgl. Auslagen und 19 % USt. sowie zzgl. 0,5 GKG-Gebühr gem. KV Nr. 1110, mind. 38,00 €. Im arbeitsgerichtlichen Mahnverfahren beträgt die Mindestgerichtsgebühr 31,00 €.

Die angegebenen Beträge können gegenüber den endgültigen Kosten geringfügig wg. Rundungsdifferenzen differieren.

Die Gerichtskosten können sich ebenfalls teilweise bei Erfüllung bestimmter Voraussetzungen ermäßigen. Insoweit ist auf den jeweiligen Verfahrensablauf abzustellen.

Berücksichtigt wurden je nach möglichem Anfall Anwaltsgebühren nach der Anlage 2 zu § 13 Abs. 1 RVG und Gerichtsgebühren nach der Anlage 2 zu § 34 GKG.

Neben den Gerichtsgebühren müssen ggf. jeweils noch Zeugenentschädigungen, Reisekosten, Sachverständigenauslagen usw. berücksichtigt werden.

Die Gerichtskosten können sich ebenfalls teilweise bei Vorliegen bestimmter Voraussetzungen ermäßigen. Insoweit ist immer auf den tatsächlichen Verfahrensverlauf abzustellen.

d) Gerichts- und Notarkostengesetz (Tabelle S. 125 ff.)

Die Gebühren gemäß der Anlage zu § 3 Abs. 2 GNotKG gelten in den Angelegenheiten der freiwilligen Gerichtsbarkeit und für Notare (§ 1 GNotKG). Angegeben sind hier die Staffelungen 1,0; 2,0; 1,5; 0,5; 0,25 und 0,1.

e) Hebegebühren (Tabelle S. 119 ff.)

Nr. 1009 VV RVG bestimmt die Hebegebühr

1. bis einschließlich 2.500,00 € mit .... 1,0 %
2. von dem Mehrbetrag bis einschließlich 10.000,00 € mit......... 0,5 %
3. von dem Mehrbetrag über 10.000,00 € mit.................... 0,25 %

(1) Die Gebühr wird für die Auszahlung oder Rückzahlung von entgegengenommenen Geldbeträgen erhoben.
(2) Unbare Zahlungen stehen baren Zahlungen gleich. Die Gebühr kann bei der Ablieferung an den Auftraggeber entnommen werden.
(3) Ist das Geld in mehreren Beträgen gesondert ausgezahlt oder zurückgezahlt, wird die Gebühr von jedem Betrag besonders erhoben.
(4) Für die Ablieferung oder Rücklieferung von Wertpapieren und Kostbarkeiten entsteht die in den Absätzen 1 bis 3 bestimmte Gebühr nach dem Wert.
(5) Die Hebegebühr entsteht nicht, soweit Kosten an ein Gericht oder eine Behörde weitergeleitet oder eingezogene Kosten an den Auftraggeber abgeführt oder eingezogene Beträge auf die Vergütung verrechnet werden.

Der Einfachheit halber lässt sich folgende Berechnungsformel aufstellen:

1. Auszahlungen bis zu 2.500,00 € =
   Auszahlungsbetrag × 1 %

2. Auszahlungsbetrag bis zu 10.000,00 € =
   1 % aus 2.500,00 € = 25,00 €
   zuzüglich 0,5 % aus dem darüber hinausgehenden Betrag

3. Auszahlungsbetrag über 10.000,00 € =
   1 % aus 2.500,00 € = 25,00 €
   zuzüglich 0,5 % aus 7.500,00 € = 37,50 €
   zuzüglich 0,25 % aus dem über 10.000,00 € hinausgehenden Betrag

Zusätzlich können neben der Hebegebühr auch die Entgelte für Post- und Telekommunikationspauschale gem. Nr. 7002 VV RVG in Ansatz gebracht werden. Jede Auszahlung gilt als eigene Angelegenheit und löst damit eine Auslagenpauschale aus.

Beispiele nach Nr. 1009 VV RVG	1 % bis zu 2.500,00 €	0,5 % ab 2,500,00 € bis 10.000,00 €	0,25 % ab 10.000,00 €	Zwischensumme	Post- und Telekommunikations-pauschale Nr. 7002 VV RVG	USt.	Endsumme
Auszahlungsbetrag							
50,00 € = 1 % aus 50,00 € = 0,50 €, mindestens jedoch 1,00 €	**1,00 €**			**1,00 €**	0,20 €	0,23 €	1,43 €
2.120,00 € = 1 % aus 2.120,00 €	**21,20 €**			**21,20 €**	4,24 €	4,83 €	30,27 €
8.370,00 € = 1 % aus 2.500,00 € = 25,00 € 0,5 % aus überschießendem Betrag 5.870,00 € = 29,35 €	**25,00 €**	**29,35 €**		**54,35 €**	10,87 €	12,39 €	77,61 €
22.000,00 € 1 % aus 2.500,00 € = 25,00 € 0,5 % aus 7.500,00 € = 37,50 € 0,25 % aus überschießendem Betrag 12.000,00 € = 30,00 €	**25,00 €**	**37,50 €**	**30,00 €**	**92,50 €**	18,50 €	21,09 €	132,09 €

Die oben dargestellte Tabelle erhebt nicht den Anspruch auf Vollständigkeit, nachdem die Darstellung der Hebegebühren aus Platzgründen

- bis zu einem Auszahlungsbetrag von 500,00 € in 10-€-Schritten,
- sodann bis zu einem Auszahlungsbetrag bis 2.500,00 € in 50-€-Schritten
- und sodann bis zu einem Auszahlungsbetrag von 10.000,00 € in 100-€-Schritten

erfolgt ist. Eine ausführliche Tabelle findet sich ab Seite 119.

f) Gerichtskosten (Tabelle S. 110 f.)

Die Gerichtskosten sind mit den Staffelungen 0,5; 1,0; 1,5; 2,0 und 3,0 wiedergegeben. Aus der Kombination von Anwaltsgebühren- und Gerichtskostentabelle ergeben sich die gewünschten, fertig ausgerechneten Kosten.

Die wichtigsten Gebührentatbestände sind im **GKG** wie folgt festgelegt:

Nr.	Gebührentatbestand	
	Teil 1	
	Hauptabschnitt 1	
	Abschnitt 1	
1110	**I. Mahnverfahren**	
	Verfahren über den Antrag auf Erlass eines Mahnbescheids mindestens 38,00 €	0,5
	Hauptabschnitt 2	
	II. Prozessverfahren	
	Abschnitt 1 **Erster Rechtszug**	
1210	Verfahren im Allgemeinen ggf. Anrechnung der Gebühr KV 1110, sofern Mahnverfahren vorausgegangen ist	3,0
1211	Sofern Beendigung des Verfahrens durch Zurücknahme der Klage vor Schluss der mündlichen Verhandlung oder Anerkenntnis- und Verzichtsurteil oder Abschluss eines Vergleichs oder durch Erledigungserklärung gem. § 91a ZPO, ermäßigt sich die Gebühr Nr. 1210 auf	1,0
	Abschnitt 2 **Berufung** und bestimmte Beschwerden	
1220	Verfahren im Allgemeinen	4,0
1221	Sofern Beendigung des Verfahrens durch Zurücknahme des Rechtsmittels, bevor die Schrift zur Begründung des Rechtsmittels bei Gericht eingegangen ist, ermäßigt sich die Gebühr Nr. 1220 auf	1,0
1222	Sofern Beendigung des Verfahrens durch Zurücknahme des Rechtsmittels vor Schluss der mündlichen Verhandlung oder Anerkenntnis- und Verzichtsurteil oder Abschluss eines Vergleichs oder durch Erledigungserklärung gem. § 91a ZPO, ermäßigt sich die Gebühr Nr. 1220 auf	2,0
	Abschnitt 3 **Revision** u. a.	
1230	Verfahren im Allgemeinen	5,0

1231	Sofern Beendigung des Verfahrens durch Zurücknahme des Rechtsmittels, bevor die Schrift zur Begründung des Rechtsmittels bei Gericht eingegangen ist, ermäßigt sich die Gebühr Nr. 1230 auf	1,0
1232	Sofern Beendigung des Verfahrens durch Zurücknahme des Rechtsmittels vor Schluss der mündlichen Verhandlung oder Anerkenntnis- und Verzichtsurteil oder Abschluss eines Vergleichs oder durch Erledigungserklärung gem. § 91a ZPO, ermäßigt sich die Gebühr Nr. 1230 auf	3,0

g) Arbeitsgerichtskosten (Tabelle S. 115)

Die den Arbeitsgerichtsprozess betreffende Kostentabelle enthält die Gebührenvorschriften für Verfahren vor den Arbeitsgerichten. Diese richten sich ebenfalls nach der Gerichtskostentabelle. Die Gebühren sind im Teil 8 des Kostenverzeichnisses (Anlage 1 zu § 3 Abs. 2 GKG) geregelt. Die wichtigsten Gebührentatbestände wie folgt:

Nr.	**Gebührentatbestand**	
	Teil 8	
	Vorbemerkung 8: Bei Beendigung des Verfahrens durch einen gerichtlichen Vergleich entfällt die in dem betreffenden Rechtszug angefallene Gebühr; im ersten Rechtszug entfällt auch die Gebühr für das Verfahren über den Antrag auf Erlass eines Mahnbescheids. Dies gilt nicht, wenn der Vergleich nur einen Teil des Streitgegenstands betrifft (Teilvergleich).	
	Hauptabschnitt 1	
8100	**Mahnverfahren**	
	Verfahren über den Antrag auf Erlass eines Vollstreckungsbescheids, mindestens 31,00 €	0,4
	Hauptabschnitt 2	
	Urteilsverfahren	
	Abschnitt 1 **Erster Rechtszug**	
8210	Verfahren im Allgemeinen	2,0
8211	Sofern Beendigung des Verfahrens nach streitiger Verhandlung durch Zurücknahme der Klage oder Anerkenntnis-/Verzichtsurteil oder Erledigungserklärungen nach § 91a ZPO ermäßigt sich die Gebühr Nr. 8210 auf	0,4
	Abschnitt 2 **Berufung**	
8220	Verfahren im Allgemeinen	3,2

8221	Sofern Beendigung des gesamten Verfahrens durch Zurücknahme der Berufung vor Einreichung der Berufungsbegründungsschrift ermäßigt sich die Gebühr Nr. 8220 auf	0,8
8222	Sofern Beendigung des gesamten Verfahrens durch Zurücknahme der Berufung oder der Klage vor Schluss der mündlichen Verhandlung oder Anerkenntnis-/Verzichtsurteil oder Erledigungserklärung nach § 91a ZPO ermäßigt sich die Gebühr Nr. 8220 auf	1,6
	Abschnitt 3 **Revision**	
8230	Verfahren im Allgemeinen	4,0
8231	Sofern Beendigung des gesamten Verfahrens durch Zurücknahme der Revision oder der Klage Ermäßigung der Gebühr Nr. 8230 auf	0,8
8232	Sofern Beendigung des gesamten Verfahrens durch Zurücknahme der Revision oder der Klage vor Schluss der mündlichen Verhandlung oder Anerkenntnis-/Verzichtsurteil oder Erledigungserklärungen nach § 91a ZPO ermäßigt sich die Gebühr Nr. 8230 auf	2,4

h) Gerichtskosten in Familiensachen (Tabelle S. 110f.)

Die wichtigsten Gebührentatbestände im FamGKG im Einzelnen[5]:

Nr.	**Gebührentatbestand**	
	Teil 1	
	Hauptabschnitt 1	
	Abschnitt 1 **Erster Rechtszug**	
1110	Verfahren im Allgemeinen	2,0
1111	Sofern Beendigung des Verfahrens durch 1. Zurücknahme des Antrags 2. Anerkenntnis- oder Verzichtsentscheidung oder Endentscheidung, die nach § 38 Abs. 4 Nr. 2 und 3 FamFG keine Begründung enthält 3. Gerichtlichen Vergleich oder 4. Erledigung der Hauptsache, wenn keine Entscheidung über die Kosten ergeht Die Gebühr Nr. 1110 ermäßigt sich auf	0,5
	Abschnitt 2 **Beschwerde gegen die Endentscheidung**	
1120	Verfahren im Allgemeinen	3,0

5 Die nachstehenden Ausführungen sind nicht abschließend.

1121	Beendigung des gesamten Verfahrens durch Zurücknahme der Beschwerde oder des Antrags, bevor die Schrift zur Begründung der Beschwerde bei Gericht eingegangen ist: Die Gebühr Nr. 1120 ermäßigt sich auf	0,5
1122	Beendigung des Verfahrens hinsichtlich der Ehesache oder einer Folgesache, wenn nicht Nummer 1121 erfüllt ist, durch 1. Zurücknahme der Beschwerde oder des Antrags 2. Anerkenntnis- oder Verzichtsentscheidung 3. Gerichtlichen Vergleich oder 4. Erledigung in der Hauptsache, wenn keine Entscheidung über die Kosten ergeht: Die Gebühr Nr. 1120 ermäßigt sich auf	1,0
	Abschnitt 3 **Rechtsbeschwerde gegen die Endentscheidung**	
1130	Verfahren im Allgemeinen	4,0
1131	Beendigung des gesamten Verfahrens durch Zurücknahme der Rechtsbeschwerde oder des Antrags, bevor die Schrift zur Begründung der Rechtsbeschwerde bei Gericht eingegangen ist: Die Gebühr Nr. 1131 ermäßigt sich auf	1,0
1132	Beendigung des Verfahrens hinsichtlich der Ehesache oder einer Folgesache durch Zurücknahme der Rechtsbeschwerde oder des Antrags vor Ablauf des Tages, an dem die Endentscheidung der Geschäftsstelle übermittelt wird, wenn nicht Nummer 1131 erfüllt ist: Die Gebühr Nr. 1130 ermäßigt sich auf	2,0

16. Auf einen Blick ...

Die wichtigsten Gerichtskosten aus dem Bereich Zwangsvollstreckung/ Insolvenz/Mahnverfahren:

KV 1100 Mahnverfahren	Mindestgebühr 38,00 €
KV 8100 Mahnverfahren Arbeitsgericht	Mindestgebühr 31,00 €
KV 2110 Weitere vollstreckbare Ausfertigung	24,00 €
KV 2111 Pfändungs- und Überweisungsbeschluss	24,00 €
KV 2112 Verfahren zur Erwirkung eines Europ. Beschl. zur vorl. Kontenpfändung	40,00 €
KV 2113 Verfahren über den Vollstreckungsschutzantrag nach § 765a ZPO	24,00 €
KV 2114 Haftbefehl	24,00 €
KV 2210 Anordnung der Zwangsversteigerung	120,00 €
KV 2220 Anordnung der Zwangsverwaltung	120,00 €
KV 2311 Verfahren über den Eigenantrag auf Eröffnung eines Insolvenzverfahrens	0,5, mindestens 216,00 €
KV 2340 Besonderer Prüfungstermin im Insolvenzverfahren	24,00 €
KV 2350 Entscheidung über den Antrag auf Versagung oder Widerruf der Restschuldbefreiung	42,50 €

Anwaltsgebühren nach § 13 RVG

Wert bis ... €	0,30	0,45	0,50	0,65	0,70	0,75	0,80	0,90	1,00	1,10
für unbestrittene Inkassoforderungen bis 50,00 €										
Anwaltsgebühr		14,20	15,80					28,40	**31,50**	
Pauschale		2,84	3,16					5,68	6,30	
USt. 19 %		3,24	3,60					6,48	7,18	
Summe		20,28	22,56					40,56	44,98	
500	15,00	23,18	25,75	33,48	36,05	38,63	41,20	46,35	**51,50**	56,65
	3,00	4,64	5,15	6,70	7,21	7,73	8,24	9,27	10,30	11,33
	3,42	5,28	5,87	7,63	8,22	8,81	9,39	10,57	11,74	12,92
	21,42	33,09	36,77	47,80	51,48	55,16	58,83	66,19	73,54	80,90
1.000	27,90	41,85	46,50	60,45	65,10	69,75	74,40	83,70	**93,00**	102,30
	5,58	8,37	9,30	12,09	13,02	13,95	14,88	16,74	18,60	20,00
	6,36	9,54	10,60	13,78	14,84	15,90	16,96	19,08	21,20	23,24
	39,84	59,76	66,40	86,32	92,96	99,60	106,24	119,52	132,80	145,54
1.500	40,35	60,53	67,25	87,43	94,15	100,88	107,60	121,05	**134,50**	147,95
	8,07	12,11	13,45	17,49	18,83	20,00	20,00	20,00	20,00	20,00
	9,20	13,80	15,33	19,93	21,47	22,97	24,24	26,80	29,36	31,91
	57,62	86,43	96,03	124,84	134,45	143,84	151,84	167,85	183,86	199,86
2.000	52,80	79,20	88,00	114,40	123,20	132,00	140,80	158,40	**176,00**	193,60
	10,56	15,84	17,60	20,00	20,00	20,00	20,00	20,00	20,00	20,00
	12,04	18,06	20,06	25,54	27,21	28,88	30,55	33,90	37,24	40,58
	75,40	113,10	125,66	159,94	170,41	180,88	191,35	212,30	233,24	254,18
3.000	70,65	105,98	117,75	153,08	164,85	176,63	188,40	211,95	**235,50**	259,05
	14,13	20,00	20,00	20,00	20,00	20,00	20,00	20,00	20,00	20,00
	16,11	23,94	26,17	32,88	35,12	37,36	39,60	44,07	48,55	53,02
	100,89	149,91	163,92	205,96	219,97	233,98	248,00	276,02	304,05	332,07
4.000	88,50	132,75	147,50	191,75	206,50	221,25	236,00	265,50	**295,00**	324,50
	17,70	20,00	20,00	20,00	20,00	20,00	20,00	20,00	20,00	20,00
	20,18	29,02	31,83	40,23	43,04	45,84	48,64	54,25	59,85	65,46
	126,38	181,77	199,33	251,98	269,54	287,09	304,64	339,75	374,85	409,96

Kostenrisiko

Wert bis ... €	I. Instanz	I. Instanz Vergl.	II. Instanz	II. Instanz Vergl.
500	474,03	516,60	550,80	630,14
1.000	783,95	883,29	911,35	1.077,09
1.500	1.093,88	1.249,99	1.271,91	1.524,05
2.000	1.403,80	1.616,68	1.632,46	1.971,01
3.000	1.825,33	2.134,82	2.118,97	2.596,61
4.000	2.246,85	2.652,95	2.605,48	3.222,21

1,20	1,30	1,50	1,60	1,80	1,95	2,50	2,80	3,50	4,10	4,15
	41,00									
	8,20									
	9,35									
	58,55									
61,80	66,95	77,25	82,40	92,70	100,43	128,75	144,20	180,25	211,15	213,73
12,36	13,39	15,45	16,48	18,54	20,00	20,00	20,00	20,00	20,00	20,00
14,09	15,26	17,61	18,79	21,14	22,88	28,26	31,20	38,05	43,92	44,41
88,25	95,60	110,31	117,67	132,38	143,31	177,01	195,40	238,30	275,07	278,13
111,60	120,90	139,50	148,80	167,40	181,35	232,50	260,40	325,50	381,30	385,95
20,00	20,00	20,00	20,00	20,00	20,00	20,00	20,00	20,00	20,00	20,00
25,00	26,77	30,31	32,07	35,61	38,26	47,98	53,28	65,65	76,25	77,13
156,60	167,67	189,81	200,87	223,01	239,61	300,48	333,68	411,15	477,55	483,08
161,40	174,85	201,75	215,20	242,10	262,28	336,25	376,60	470,75	551,45	558,18
20,00	20,00	20,00	20,00	20,00	20,00	20,00	20,00	20,00	20,00	20,00
34,47	37,02	42,13	44,69	49,80	53,63	67,69	75,35	93,24	108,58	109,85
215,87	231,87	263,88	279,89	311,90	335,91	423,94	471,95	583,99	680,03	688,03
211,20	228,80	264,00	281,60	316,80	343,20	440,00	492,80	616,00	721,60	730,40
20,00	20,00	20,00	20,00	20,00	20,00	20,00	20,00	20,00	20,00	20,00
43,93	47,27	53,96	57,30	63,99	69,01	87,40	97,43	120,84	140,90	142,58
275,13	296,07	337,96	358,90	400,79	432,21	547,40	610,23	756,84	882,50	892,98
282,60	306,15	353,25	376,80	423,90	459,23	588,75	659,40	824,25	965,55	977,33
20,00	20,00	20,00	20,00	20,00	20,00	20,00	20,00	20,00	20,00	20,00
57,49	61,97	70,92	75,39	84,34	91,05	115,66	129,09	160,41	187,25	189,49
360,09	388,12	444,17	472,19	528,24	570,28	724,41	808,49	1.004,66	1.172,80	1.186,82
354,00	383,50	442,50	472,00	531,00	575,25	737,50	826,00	1.032,50	1.209,50	1.224,25
20,00	20,00	20,00	20,00	20,00	20,00	20,00	20,00	20,00	20,00	20,00
71,06	76,67	87,88	93,48	104,69	113,10	143,93	160,74	199,98	233,61	236,41
445,06	480,17	550,38	585,48	655,69	708,35	901,43	1.006,74	1.252,48	1.463,11	1.480,66

III. Instanz	III. Instanz BGH Rae	III. Instanz BGH Rae, Vergl.	Mahnverfahren
627,57	713,37	792,71	130,31
1.038,75	1.193,69	1.359,43	220,31
1.449,94	1.674,02	1.926,16	304,88
1.861,13	2.154,34	2.492,89	389,46
2.412,62	2.804,96	3.282,60	506,92
2.964,11	3.455,58	4.072,31	624,38

Anwaltsgebühren nach § 13 RVG

Wert bis ... €	0,30	0,45	0,50	0,65	0,70	0,75	0,80	0,90	1,00	1,10
5.000										
Anwaltsgebühr	106,35	159,53	177,25	230,43	248,15	265,88	283,60	319,05	**354,50**	389,95
Pauschale	20,00	20,00	20,00	20,00	20,00	20,00	20,00	20,00	20,00	20,00
USt. 19 %	24,01	34,11	37,48	47,58	50,95	54,32	57,68	64,42	71,16	77,89
Summe	150,36	213,63	234,73	298,01	319,10	340,19	361,28	403,47	445,66	487,84
6.000	124,20	186,30	207,00	269,10	289,80	310,50	331,20	372,60	**414,00**	455,40
	20,00	20,00	20,00	20,00	20,00	20,00	20,00	20,00	20,00	20,00
	27,40	39,20	43,13	54,93	58,86	62,80	66,73	74,59	82,46	90,33
	171,60	245,50	270,13	344,03	368,66	393,30	417,93	467,19	516,46	565,73
7.000	142,05	213,08	236,75	307,78	331,45	355,13	378,80	426,15	**473,50**	520,85
	20,00	20,00	20,00	20,00	20,00	20,00	20,00	20,00	20,00	20,00
	30,79	44,28	48,78	62,28	66,78	71,27	75,77	84,77	93,77	102,76
	192,84	277,36	305,53	390,05	418,23	446,40	474,57	530,92	587,27	643,61
8.000	159,90	239,85	266,50	346,45	373,10	399,75	426,40	479,70	**533,00**	586,30
	20,00	20,00	20,00	20,00	20,00	20,00	20,00	20,00	20,00	20,00
	34,18	49,37	54,44	69,63	74,69	79,75	84,82	94,94	105,07	115,20
	214,08	309,22	340,94	436,08	467,79	499,50	531,22	594,64	658,07	721,50
9.000	177,75	266,63	296,25	385,13	414,75	444,38	474,00	533,25	**592,50**	651,75
	20,00	20,00	20,00	20,00	20,00	20,00	20,00	20,00	20,00	20,00
	37,57	54,46	60,09	76,97	82,60	88,23	93,86	105,12	116,38	127,63
	235,32	341,08	376,34	482,10	517,35	552,61	587,86	658,37	728,88	799,38
10.000	195,60	293,40	326,00	423,80	456,40	489,00	521,60	586,80	**652,00**	717,20
	20,00	20,00	20,00	20,00	20,00	20,00	20,00	20,00	20,00	20,00
	40,96	59,55	65,74	84,32	90,52	96,71	102,90	115,29	127,68	140,07
	256,56	372,95	411,74	528,12	566,92	605,71	644,50	722,09	799,68	877,27
13.000	212,10	318,15	353,50	459,55	494,90	530,25	565,60	636,30	**707,00**	777,70
	20,00	20,00	20,00	20,00	20,00	20,00	20,00	20,00	20,00	20,00
	44,10	64,25	70,97	91,11	97,83	104,55	111,26	124,70	138,13	151,56
	276,20	402,40	444,47	570,66	612,73	654,80	696,86	781,00	865,13	949,26

Kostenrisiko

Wert bis ... €	I. Instanz	I. Instanz Vergl.	II. Instanz	II. Instanz Vergl.
5.000	2.668,38	3.171,09	3.091,99	3.847,81
6.000	3.089,90	3.689,22	3.578,50	4.473,41
7.000	3.511,43	4.207,36	4.065,00	5.099,01
8.000	3.932,95	4.725,49	4.551,51	5.724,61
9.000	4.354,48	5.243,63	5.038,02	6.350,22
10.000	4.776,00	5.761,76	5.524,53	6.975,82
13.000	5.194,75	6.250,41	6.013,05	7.573,51

1,20	1,30	1,50	1,60	1,80	1,95	2,50	2,80	3,50	4,10	4,15
425,40	460,85	531,75	567,20	638,10	691,28	886,25	992,60	1.240,75	1.453,45	1.471,18
20,00	20,00	20,00	20,00	20,00	20,00	20,00	20,00	20,00	20,00	20,00
84,63	91,36	104,83	111,57	125,04	135,14	172,19	192,39	239,54	279,96	283,32
530,03	572,21	656,58	698,77	783,14	846,42	1.078,44	1.204,99	1.500,29	1.753,41	1.774,50
496,80	538,20	621,00	662,40	745,20	807,30	1.035,00	1.159,20	1.449,00	1.697,40	1.718,10
20,00	20,00	20,00	20,00	20,00	20,00	20,00	20,00	20,00	20,00	20,00
98,19	106,06	121,79	129,66	145,39	157,19	200,45	224,05	279,11	326,31	330,24
614,99	664,26	762,79	812,06	910,59	984,49	1.255,45	1.403,25	1.748,11	2.043,71	2.068,34
568,20	615,55	710,25	757,60	852,30	923,33	1.183,75	1.325,80	1.657,25	1.941,35	1.965,03
20,00	20,00	20,00	20,00	20,00	20,00	20,00	20,00	20,00	20,00	20,00
111,76	120,75	138,75	147,74	165,74	179,23	228,71	255,70	318,68	372,66	377,15
699,96	756,30	869,00	925,34	1.038,04	1.122,56	1.432,46	1.601,50	1.995,93	2.334,01	2.362,18
639,60	692,90	799,50	852,80	959,40	1.039,35	1.332,50	1.492,40	1.865,50	2.185,30	2.211,95
20,00	20,00	20,00	20,00	20,00	20,00	20,00	20,00	20,00	20,00	20,00
125,32	135,45	155,71	165,83	186,09	201,28	256,98	287,36	358,25	419,01	424,07
784,92	848,35	975,21	1.038,63	1.165,49	1.260,63	1.609,48	1.799,76	2.243,75	2.624,31	2.656,02
711,00	770,25	888,75	948,00	1.066,50	1.155,38	1.481,25	1.659,00	2.073,75	2.429,25	2.458,88
20,00	20,00	20,00	20,00	20,00	20,00	20,00	20,00	20,00	20,00	20,00
138,89	150,15	172,66	183,92	206,44	223,32	285,24	319,01	397,81	465,36	470,99
869,89	940,40	1.081,41	1.151,92	1.292,94	1.398,70	1.786,49	1.998,01	2.491,56	2.914,61	2.949,86
782,40	847,60	978,00	1.043,20	1.173,60	1.271,40	1.630,00	1.825,60	2.282,00	2.673,20	2.705,80
20,00	20,00	20,00	20,00	20,00	20,00	20,00	20,00	20,00	20,00	20,00
152,46	164,84	189,62	202,01	226,78	245,37	313,50	350,66	437,38	511,71	517,90
954,86	1.032,44	1.187,62	1.265,21	1.420,38	1.536,77	1.963,50	2.196,26	2.739,38	3.204,91	3.243,70
848,40	919,10	1.060,50	1.131,20	1.272,60	1.378,65	1.767,50	1.979,60	2.474,50	2.898,70	2.934,05
20,00	20,00	20,00	20,00	20,00	20,00	20,00	20,00	20,00	20,00	20,00
165,00	178,43	205,30	218,73	245,59	265,74	339,63	379,92	473,96	554,55	561,27
1.033,40	1.117,53	1.285,80	1.369,93	1.538,19	1.664,39	2.127,13	2.379,52	2.968,46	3.473,25	3.515,32

III. Instanz	III. Instanz BGH Rae	III. Instanz BGH Rae, Vergl.	Mahnverfahren
3.515,60	4.106,20	4.862,02	741,83
4.067,09	4.756,82	5.651,73	859,29
4.618,58	5.407,43	6.441,44	976,75
5.170,07	6.058,05	7.231,15	1.094,21
5.721,57	6.708,67	8.020,87	1.211,66
6.273,06	7.359,29	8.810,58	1.329,12
6.831,35	8.009,21	9.569,67	1.442,55

Anwaltsgebühren nach § 13 RVG

Wert bis ... €	0,30	0,45	0,50	0,65	0,70	0,75	0,80	0,90	1,00	1,10
16.000										
Anwaltsgebühr	228,60	342,90	381,00	495,30	533,40	571,50	609,60	685,80	**762,00**	838,20
Pauschale	20,00	20,00	20,00	20,00	20,00	20,00	20,00	20,00	20,00	20,00
USt. 19 %	47,23	68,95	76,19	97,91	105,15	112,39	119,62	134,10	148,58	163,06
Summe	295,83	431,85	477,19	613,21	658,55	703,89	749,22	839,90	930,58	1.021,26
19.000	245,10	367,65	408,50	531,05	571,90	612,75	653,60	735,30	**817,00**	898,70
	20,00	20,00	20,00	20,00	20,00	20,00	20,00	20,00	20,00	20,00
	50,37	73,65	81,42	104,70	112,46	120,22	127,98	143,51	159,03	174,55
	315,47	461,30	509,92	655,75	704,36	752,97	801,58	898,81	996,03	1.093,25
22.000	261,60	392,40	436,00	566,80	610,40	654,00	697,60	784,80	**872,00**	959,20
	20,00	20,00	20,00	20,00	20,00	20,00	20,00	20,00	20,00	20,00
	53,50	78,36	86,64	111,49	119,78	128,06	136,34	152,91	169,48	186,05
	335,10	490,76	542,64	698,29	750,18	802,06	853,94	957,71	1.061,48	1.165,25
25.000	278,10	417,15	463,50	602,55	648,90	695,25	741,60	834,30	**927,00**	1.019,70
	20,00	20,00	20,00	20,00	20,00	20,00	20,00	20,00	20,00	20,00
	56,64	83,06	91,87	118,28	127,09	135,90	144,70	162,32	179,93	197,54
	354,74	520,21	575,37	740,83	795,99	851,15	906,30	1.016,62	1.126,93	1.237,24
30.000	303,90	455,85	506,50	658,45	709,10	759,75	810,40	911,70	**1.013,00**	1.114,30
	20,00	20,00	20,00	20,00	20,00	20,00	20,00	20,00	20,00	20,00
	61,54	90,41	100,04	128,91	138,53	148,15	157,78	177,02	196,27	215,52
	385,44	566,26	626,54	807,36	867,63	927,90	988,18	1.108,72	1.229,27	1.349,82
35.000	329,70	494,55	549,50	714,35	769,30	824,25	879,20	989,10	**1.099,00**	1.208,90
	20,00	20,00	20,00	20,00	20,00	20,00	20,00	20,00	20,00	20,00
	66,44	97,76	108,21	139,53	149,97	160,41	170,85	191,73	212,61	233,49
	416,14	612,31	677,71	873,88	939,27	1.004,66	1.070,05	1.200,83	1.331,61	1.462,39
40.000	355,50	533,25	592,50	770,25	829,50	888,75	948,00	1.066,50	**1.185,00**	1.303,50
	20,00	20,00	20,00	20,00	20,00	20,00	20,00	20,00	20,00	20,00
	71,35	105,12	116,38	150,15	161,41	172,66	183,92	206,44	228,95	251,47
	446,85	658,37	728,88	940,40	1.010,91	1.081,41	1.151,92	1.292,94	1.433,95	1.574,97

Kostenrisiko

Wert bis ... €	I. Instanz	I. Instanz Vergl.	II. Instanz	II. Instanz Vergl.
16.000	5.613,50	6.739,06	6.501,57	8.171,20
19.000	6.032,25	7.227,71	6.990,09	8.768,89
22.000	6.451,00	7.716,36	7.478,61	9.366,58
25.000	6.869,75	8.205,01	7.967,13	9.964,27
30.000	7.502,95	8.961,89	8.702,23	10.884,45
35.000	8.136,15	9.718,77	9.437,34	11.804,64
40.000	8.769,35	10.475,65	10.172,44	12.724,83

1,20	1,30	1,50	1,60	1,80	1,95	2,50	2,80	3,50	4,10	4,15
914,40	990,60	1.143,00	1.219,20	1.371,60	1.485,90	1.905,00	2.133,60	2.667,00	3.124,20	3.162,30
20,00	20,00	20,00	20,00	20,00	20,00	20,00	20,00	20,00	20,00	20,00
177,54	192,01	220,97	235,45	264,40	286,12	365,75	409,18	510,53	597,40	604,64
1.111,94	1.202,61	1.383,97	1.474,65	1.656,00	1.792,02	2.290,75	2.562,78	3.197,53	3.741,60	3.786,94
980,40	1.062,10	1.225,50	1.307,20	1.470,60	1.593,15	2.042,50	2.287,60	2.859,50	3.349,70	3.390,55
20,00	20,00	20,00	20,00	20,00	20,00	20,00	20,00	20,00	20,00	20,00
190,08	205,60	236,65	252,17	283,21	306,50	391,88	438,44	547,11	640,24	648,00
1.190,48	1.287,70	1.482,15	1.579,37	1.773,81	1.919,65	2.454,38	2.746,04	3.426,61	4.009,94	4.058,55
1.046,40	1.133,60	1.308,00	1.395,20	1.569,60	1.700,40	2.180,00	2.441,60	3.052,00	3.575,20	3.618,80
20,00	20,00	20,00	20,00	20,00	20,00	20,00	20,00	20,00	20,00	20,00
202,62	219,18	252,32	268,89	302,02	326,88	418,00	467,70	583,68	683,09	691,37
1.269,02	1.372,78	1.580,32	1.684,09	1.891,62	2.047,28	2.618,00	2.929,30	3.655,68	4.278,29	4.330,17
1.112,40	1.205,10	1.390,50	1.483,20	1.668,60	1.807,65	2.317,50	2.595,60	3.244,50	3.800,70	3.847,05
20,00	20,00	20,00	20,00	20,00	20,00	20,00	20,00	20,00	20,00	20,00
215,16	232,77	268,00	285,61	320,83	347,25	444,13	496,96	620,26	725,93	734,74
1.347,56	1.457,87	1.678,50	1.788,81	2.009,43	2.174,90	2.781,63	3.112,56	3.884,76	4.546,63	4.601,79
1.215,60	1.316,90	1.519,50	1.620,80	1.823,40	1.975,35	2.532,50	2.836,40	3.545,50	4.153,30	4.203,95
20,00	20,00	20,00	20,00	20,00	20,00	20,00	20,00	20,00	20,00	20,00
234,76	254,01	292,51	311,75	350,25	379,12	484,98	542,72	677,45	792,93	802,55
1.470,36	1.590,91	1.832,01	1.952,55	2.193,65	2.374,47	3.037,48	3.399,12	4.242,95	4.966,23	5.026,50
1.318,80	1.428,70	1.648,50	1.758,40	1.978,20	2.143,05	2.747,50	3.077,20	3.846,50	4.505,90	4.560,85
20,00	20,00	20,00	20,00	20,00	20,00	20,00	20,00	20,00	20,00	20,00
254,37	275,25	317,02	337,90	379,66	410,98	525,83	588,47	734,64	859,92	870,36
1.593,17	1.723,95	1.985,52	2.116,30	2.377,86	2.574,03	3.293,33	3.685,67	4.601,14	5.385,82	5.451,21
1.422,00	1.540,50	1.777,50	1.896,00	2.133,00	2.310,75	2.962,50	3.318,00	4.147,50	4.858,50	4.917,75
20,00	20,00	20,00	20,00	20,00	20,00	20,00	20,00	20,00	20,00	20,00
273,98	296,50	341,53	364,04	409,07	442,84	566,68	634,22	791,83	926,92	938,17
1.715,98	1.857,00	2.139,03	2.280,04	2.562,07	2.773,59	3.549,18	3.972,22	4.959,33	5.805,42	5.875,92

III. Instanz	**III. Instanz** BGH Rae	**III. Instanz** BGH Rae, Vergl.	**Mahnverfahren**
7.389,64	8.659,13	10.328,76	1.555,97
7.947,93	9.309,05	11.087,85	1.669,40
8.506,22	9.958,97	11.846,94	1.782,82
9.064,51	10.608,89	12.606,03	1.896,25
9.901,51	11.589,17	13.771,39	2.070,01
10.738,52	12.569,46	14.936,76	2.243,77
11.575,53	13.549,74	16.102,13	2.417,53

Anwaltsgebühren nach § 13 RVG

Wert bis ... €	0,30	0,45	0,50	0,65	0,70	0,75	0,80	0,90	1,00	1,10
45.000										
Anwaltsgebühr	381,30	571,95	635,50	826,15	889,70	953,25	1.016,80	1.143,90	**1.271,00**	1.398,10
Pauschale	20,00	20,00	20,00	20,00	20,00	20,00	20,00	20,00	20,00	20,00
USt. 19 %	76,25	112,47	124,55	160,77	172,84	184,92	196,99	221,14	245,29	269,44
Summe	477,55	704,42	780,05	1.006,92	1.082,54	1.158,17	1.233,79	1.385,04	1.536,29	1.687,54
50.000	407,10	610,65	678,50	882,05	949,90	1.017,75	1.085,60	1.221,30	**1.357,00**	1.492,70
	20,00	20,00	20,00	20,00	20,00	20,00	20,00	20,00	20,00	20,00
	81,15	119,82	132,72	171,39	184,28	197,17	210,06	235,85	261,63	287,41
	508,25	750,47	831,22	1.073,44	1.154,18	1.234,92	1.315,66	1.477,15	1.638,63	1.800,11
65.000	436,95	655,43	728,25	946,73	1.019,55	1.092,38	1.165,20	1.310,85	**1.456,50**	1.602,15
	20,00	20,00	20,00	20,00	20,00	20,00	20,00	20,00	20,00	20,00
	86,82	128,33	142,17	183,68	197,51	211,35	225,19	252,86	280,54	308,21
	543,77	803,76	890,42	1.150,40	1.237,06	1.323,73	1.410,39	1.583,71	1.757,04	1.930,36
80.000	466,80	700,20	778,00	1.011,40	1.089,20	1.167,00	1.244,80	1.400,40	**1.556,00**	1.711,60
	20,00	20,00	20,00	20,00	20,00	20,00	20,00	20,00	20,00	20,00
	92,49	136,84	151,62	195,97	210,75	225,53	240,31	269,88	299,44	329,00
	579,29	857,04	949,62	1.227,37	1.319,95	1.412,53	1.505,11	1.690,28	1.875,44	2.060,60
95.000	496,65	744,98	827,75	1.076,08	1.158,85	1.241,63	1.324,40	1.489,95	**1.655,50**	1.821,05
	20,00	20,00	20,00	20,00	20,00	20,00	20,00	20,00	20,00	20,00
	98,16	145,35	161,07	208,25	223,98	239,71	255,44	286,89	318,35	349,80
	614,81	910,32	1.008,82	1.304,33	1.402,83	1.501,33	1.599,84	1.796,84	1.993,85	2.190,85
110.000	526,50	789,75	877,50	1.140,75	1.228,50	1.316,25	1.404,00	1.579,50	**1.755,00**	1.930,50
	20,00	20,00	20,00	20,00	20,00	20,00	20,00	20,00	20,00	20,00
	103,84	153,85	170,53	220,54	237,22	253,89	270,56	303,91	337,25	370,60
	650,34	963,60	1.068,03	1.381,29	1.485,72	1.590,14	1.694,56	1.903,41	2.112,25	2.321,10
125.000	556,35	834,53	927,25	1.205,43	1.298,15	1.390,88	1.483,60	1.669,05	**1.854,50**	2.039,95
	20,00	20,00	20,00	20,00	20,00	20,00	20,00	20,00	20,00	20,00
	109,51	162,36	179,98	232,83	250,45	268,07	285,68	320,92	356,16	391,39
	685,86	1.016,88	1.127,23	1.458,26	1.568,60	1.678,94	1.789,28	2.009,97	2.230,66	2.451,34

Kostenrisiko

Wert bis ... €	I. Instanz	I. Instanz Vergl.	II. Instanz	II. Instanz Vergl.
45.000	9.402,55	11.232,53	10.907,54	13.645,02
50.000	10.035,75	11.989,41	11.642,65	14.565,21
65.000	11.047,78	12.958,25	12.865,72	15.816,13
80.000	12.059,80	13.927,08	14.088,78	17.067,05
95.000	13.071,83	14.895,92	15.311,85	18.317,97
110.000	14.083,85	15.864,75	16.534,92	19.568,89
125.000	15.095,88	16.833,59	17.757,99	20.819,81

Anwaltsgebühren nach § 13 RVG

1,20	1,30	1,50	1,60	1,80	1,95	2,50	2,80	3,50	4,10	4,15
1.525,20	1.652,30	1.906,50	2.033,60	2.287,80	2.478,45	3.177,50	3.558,80	4.448,50	5.211,10	5.274,65
20,00	20,00	20,00	20,00	20,00	20,00	20,00	20,00	20,00	20,00	20,00
293,59	317,74	366,04	390,18	438,48	474,71	607,53	679,97	849,02	993,91	1.005,98
1.838,79	1.990,04	2.292,54	2.443,78	2.746,28	2.973,16	3.805,03	4.258,77	5.317,52	6.225,01	6.300,63
1.628,40	1.764,10	2.035,50	2.171,20	2.442,60	2.646,15	3.392,50	3.799,60	4.749,50	5.563,70	5.631,55
20,00	20,00	20,00	20,00	20,00	20,00	20,00	20,00	20,00	20,00	20,00
313,20	338,98	390,55	416,33	467,89	506,57	648,38	725,72	906,21	1.060,90	1.073,79
1.961,60	2.123,08	2.446,05	2.607,53	2.930,49	3.172,72	4.060,88	4.545,32	5.675,71	6.644,60	6.725,34
1.747,80	1.893,45	2.184,75	2.330,40	2.621,70	2.840,18	3.641,25	4.078,20	5.097,75	5.971,65	6.044,48
20,00	20,00	20,00	20,00	20,00	20,00	20,00	20,00	20,00	20,00	20,00
335,88	363,56	418,90	446,58	501,92	543,43	695,64	778,66	972,37	1.138,41	1.152,25
2.103,68	2.277,01	2.623,65	2.796,98	3.143,62	3.403,61	4.356,89	4.876,86	6.090,12	7.130,06	7.216,73
1.867,20	2.022,80	2.334,00	2.489,60	2.800,80	3.034,20	3.890,00	4.356,80	5.446,00	6.379,60	6.457,40
20,00	20,00	20,00	20,00	20,00	20,00	20,00	20,00	20,00	20,00	20,00
358,57	388,13	447,26	476,82	535,95	580,30	742,90	831,59	1.038,54	1.215,92	1.230,71
2.245,77	2.430,93	2.801,26	2.986,42	3.356,75	3.634,50	4.652,90	5.208,39	6.504,54	7.615,52	7.708,11
1.986,60	2.152,15	2.483,25	2.648,80	2.979,90	3.228,23	4.138,75	4.635,40	5.794,25	6.787,55	6.870,33
20,00	20,00	20,00	20,00	20,00	20,00	20,00	20,00	20,00	20,00	20,00
381,25	412,71	475,62	507,07	569,98	617,16	790,16	884,53	1.104,71	1.293,43	1.309,16
2.387,85	2.584,86	2.978,87	3.175,87	3.569,88	3.865,39	4.948,91	5.539,93	6.918,96	8.100,98	8.199,49
2.106,00	2.281,50	2.632,50	2.808,00	3.159,00	3.422,25	4.387,50	4.914,00	6.142,50	7.195,50	7.283,25
20,00	20,00	20,00	20,00	20,00	20,00	20,00	20,00	20,00	20,00	20,00
403,94	437,29	503,98	537,32	604,01	654,03	837,43	937,46	1.170,88	1.370,95	1.387,62
2.529,94	2.738,79	3.156,48	3.365,32	3.783,01	4.096,28	5.244,93	5.871,46	7.333,38	8.586,45	8.690,87
2.225,40	2.410,85	2.781,75	2.967,20	3.338,10	3.616,28	4.636,25	5.192,60	6.490,75	7.603,45	7.696,18
20,00	20,00	20,00	20,00	20,00	20,00	20,00	20,00	20,00	20,00	20,00
426,63	461,86	532,33	567,57	638,04	690,89	884,69	990,39	1.237,04	1.448,46	1.466,07
2.672,03	2.892,71	3.334,08	3.554,77	3.996,14	4.327,17	5.540,94	6.202,99	7.747,79	9.071,91	9.182,25

III. Instanz	III. Instanz BGH Rae	III. Instanz BGH Rae, Vergl.	Mahnverfahren
12.412,54	14.530,02	17.267,50	2.591,29
13.249,55	15.510,31	18.432,87	2.765,05
14.683,66	17.110,19	20.060,60	3.012,65
16.117,77	18.710,06	21.688,33	3.260,26
17.551,88	20.309,94	23.316,06	3.507,87
18.985,99	21.909,82	24.943,79	3.755,48
20.420,10	23.509,70	26.571,52	4.003,08

Anwaltsgebühren nach § 13 RVG

Wert bis ... €		0,30	0,45	0,50	0,65	0,70	0,75	0,80	0,90	1,00	1,10
140.000	**Anwaltsgebühr**	586,20	879,30	977,00	1.270,10	1.367,80	1.465,50	1.563,20	1.758,60	**1.954,00**	2.149,40
	Pauschale	20,00	20,00	20,00	20,00	20,00	20,00	20,00	20,00	20,00	20,00
	USt. 19 %	115,18	170,87	189,43	245,12	263,68	282,25	300,81	337,93	375,06	412,19
	Summe	721,38	1.070,17	1.186,43	1.535,22	1.651,48	1.767,75	1.884,01	2.116,53	2.349,06	2.581,59
155.000		616,05	924,08	1.026,75	1.334,78	1.437,45	1.540,13	1.642,80	1.848,15	**2.053,50**	2.258,85
		20,00	20,00	20,00	20,00	20,00	20,00	20,00	20,00	20,00	20,00
		120,85	179,37	198,88	257,41	276,92	296,42	315,93	354,95	393,97	432,98
		756,90	1.123,45	1.245,63	1.612,18	1.734,37	1.856,55	1.978,73	2.223,10	2.467,47	2.711,83
170.000		645,90	968,85	1.076,50	1.399,45	1.507,10	1.614,75	1.722,40	1.937,70	**2.153,00**	2.368,30
		20,00	20,00	20,00	20,00	20,00	20,00	20,00	20,00	20,00	20,00
		126,52	187,88	208,34	269,70	290,15	310,60	331,06	371,96	412,87	453,78
		792,42	1.176,73	1.304,84	1.689,15	1.817,25	1.945,35	2.073,46	2.329,66	2.585,87	2.842,08
185.000		675,75	1.013,63	1.126,25	1.464,13	1.576,75	1.689,38	1.802,00	2.027,25	**2.252,50**	2.477,75
		20,00	20,00	20,00	20,00	20,00	20,00	20,00	20,00	20,00	20,00
		132,19	196,39	217,79	281,98	303,38	324,78	346,18	388,98	431,78	474,57
		827,94	1.230,01	1.364,04	1.766,11	1.900,13	2.034,16	2.168,18	2.436,23	2.704,28	2.972,32
200.000		705,60	1.058,40	1.176,00	1.528,80	1.646,40	1.764,00	1.881,60	2.116,80	**2.352,00**	2.587,20
		20,00	20,00	20,00	20,00	20,00	20,00	20,00	20,00	20,00	20,00
		137,86	204,90	227,24	294,27	316,62	338,96	361,30	405,99	450,68	495,37
		863,46	1.283,30	1.423,24	1.843,07	1.983,02	2.122,96	2.262,90	2.542,79	2.822,68	3.102,57
230.000		747,60	1.121,40	1.246,00	1.619,80	1.744,40	1.869,00	1.993,60	2.242,80	**2.492,00**	2.741,20
		20,00	20,00	20,00	20,00	20,00	20,00	20,00	20,00	20,00	20,00
		145,84	216,87	240,54	311,56	335,24	358,91	382,58	429,93	477,28	524,63
		913,44	1.358,27	1.506,54	1.951,36	2.099,64	2.247,91	2.396,18	2.692,73	2.989,28	3.285,83
260.000		789,60	1.184,40	1.316,00	1.710,80	1.842,40	1.974,00	2.105,60	2.368,80	**2.632,00**	2.895,20
		20,00	20,00	20,00	20,00	20,00	20,00	20,00	20,00	20,00	20,00
		153,82	228,84	253,84	328,85	353,86	378,86	403,86	453,87	503,88	553,89
		963,42	1.433,24	1.589,84	2.059,65	2.216,26	2.372,86	2.529,46	2.842,67	3.155,88	3.469,09

Kostenrisiko

Wert bis ... €	I. Instanz	I. Instanz Vergl.	II. Instanz	II. Instanz Vergl.
140.000	16.107,90	17.802,42	18.981,06	22.070,73
155.000	17.119,93	18.771,26	20.204,12	23.321,65
170.000	18.131,95	19.740,09	21.427,19	24.572,57
185.000	19.143,98	20.708,93	22.650,26	25.823,50
200.000	20.156,00	21.677,76	23.873,33	27.074,42
230.000	21.619,00	23.053,96	25.646,29	28.860,54
260.000	23.082,00	24.430,16	27.419,25	30.646,66

1,20	1,30	1,50	1,60	1,80	1,95	2,50	2,80	3,50	4,10	4,15
2.344,80	2.540,20	2.931,00	3.126,40	3.517,20	3.810,30	4.885,00	5.471,20	6.839,00	8.011,40	8.109,10
20,00	20,00	20,00	20,00	20,00	20,00	20,00	20,00	20,00	20,00	20,00
449,31	486,44	560,69	597,82	672,07	727,76	931,95	1.043,33	1.303,21	1.525,97	1.544,53
2.814,11	3.046,64	3.511,69	3.744,22	4.209,27	4.558,06	5.836,95	6.534,53	8.162,21	9.557,37	9.673,63
2.464,20	2.669,55	3.080,25	3.285,60	3.696,30	4.004,33	5.133,75	5.749,80	7.187,25	8.419,35	8.522,03
20,00	20,00	20,00	20,00	20,00	20,00	20,00	20,00	20,00	20,00	20,00
472,00	511,01	589,05	628,06	706,10	764,62	979,21	1.096,26	1.369,38	1.603,48	1.622,98
2.956,20	3.200,56	3.689,30	3.933,66	4.422,40	4.788,95	6.132,96	6.866,06	8.576,63	10.042,83	10.165,01
2.583,60	2.798,90	3.229,50	3.444,80	3.875,40	4.198,35	5.382,50	6.028,40	7.535,50	8.827,30	8.934,95
20,00	20,00	20,00	20,00	20,00	20,00	20,00	20,00	20,00	20,00	20,00
494,68	535,59	617,41	658,31	740,13	801,49	1.026,48	1.149,20	1.435,55	1.680,99	1.701,44
3.098,28	3.354,49	3.866,91	4.123,11	4.635,53	5.019,84	6.428,98	7.197,60	8.991,05	10.528,29	10.656,39
2.703,00	2.928,25	3.378,75	3.604,00	4.054,50	4.392,38	5.631,25	6.307,00	7.883,75	9.235,25	9.347,88
20,00	20,00	20,00	20,00	20,00	20,00	20,00	20,00	20,00	20,00	20,00
517,37	560,17	645,76	688,56	774,16	838,35	1.073,74	1.202,13	1.501,71	1.758,50	1.779,90
3.240,37	3.508,42	4.044,51	4.312,56	4.848,66	5.250,73	6.724,99	7.529,13	9.405,46	11.013,75	11.147,77
2.822,40	3.057,60	3.528,00	3.763,20	4.233,60	4.586,40	5.880,00	6.585,60	8.232,00	9.643,20	9.760,80
20,00	20,00	20,00	20,00	20,00	20,00	20,00	20,00	20,00	20,00	20,00
540,06	584,74	674,12	718,81	808,18	875,22	1.121,00	1.255,06	1.567,88	1.836,01	1.858,35
3.382,46	3.662,34	4.222,12	4.502,01	5.061,78	5.481,62	7.021,00	7.860,66	9.819,88	11.499,21	11.639,15
2.990,40	3.239,60	3.738,00	3.987,20	4.485,60	4.859,40	6.230,00	6.977,60	8.722,00	10.217,20	10.341,80
20,00	20,00	20,00	20,00	20,00	20,00	20,00	20,00	20,00	20,00	20,00
571,98	619,32	714,02	761,37	856,06	927,09	1.187,50	1.329,54	1.660,98	1.945,07	1.968,74
3.582,38	3.878,92	4.472,02	4.768,57	5.361,66	5.806,49	7.437,50	8.327,14	10.402,98	12.182,27	12.330,54
3.158,40	3.421,60	3.948,00	4.211,20	4.737,60	5.132,40	6.580,00	7.369,60	9.212,00	10.791,20	10.922,80
20,00	20,00	20,00	20,00	20,00	20,00	20,00	20,00	20,00	20,00	20,00
603,90	653,90	753,92	803,93	903,94	978,96	1.254,00	1.404,02	1.754,08	2.054,13	2.079,13
3.782,30	4.095,50	4.721,92	5.035,13	5.661,54	6.131,36	7.854,00	8.793,62	10.986,08	12.865,33	13.021,93

III. Instanz	III. Instanz BGH Rae	III. Instanz BGH Rae, Vergl.	Mahnverfahren
21.854,21	25.109,58	28.199,25	4.250,69
23.288,32	26.709,45	29.826,98	4.498,30
24.722,43	28.309,33	31.454,71	4.745,91
26.156,55	29.909,21	33.082,45	4.993,51
27.590,66	31.509,09	34.710,18	5.241,12
29.673,58	33.825,25	37.039,50	5.596,02
31.756,50	36.141,41	39.368,82	5.950,92

Anwaltsgebühren nach § 13 RVG

Wert bis ... €	0,30	0,45	0,50	0,65	0,70	0,75	0,80	0,90	1,00	1,10
290.000										
Anwaltsgebühr	831,60	1.247,40	1.386,00	1.801,80	1.940,40	2.079,00	2.217,60	2.494,80	**2.772,00**	3.049,20
Pauschale	20,00	20,00	20,00	20,00	20,00	20,00	20,00	20,00	20,00	20,00
USt. 19 %	161,80	240,81	267,14	346,14	372,48	398,81	425,14	477,81	530,48	583,15
Summe	1.013,40	1.508,21	1.673,14	2.167,94	2.332,88	2.497,81	2.662,74	2.992,61	3.322,48	3.652,35
320.000	873,60	1.310,40	1.456,00	1.892,80	2.038,40	2.184,00	2.329,60	2.620,80	**2.912,00**	3.203,20
	20,00	20,00	20,00	20,00	20,00	20,00	20,00	20,00	20,00	20,00
	169,78	252,78	280,44	363,43	391,10	418,76	446,42	501,75	557,08	612,41
	1.063,38	1.583,18	1.756,44	2.276,23	2.449,50	2.622,76	2.796,02	3.142,55	3.489,08	3.835,61
350.000	915,60	1.373,40	1.526,00	1.983,80	2.136,40	2.289,00	2.441,60	2.746,80	**3.052,00**	3.357,20
	20,00	20,00	20,00	20,00	20,00	20,00	20,00	20,00	20,00	20,00
	177,76	264,75	293,74	380,72	409,72	438,71	467,70	525,69	583,68	641,67
	1.113,36	1.658,15	1.839,74	2.384,52	2.566,12	2.747,71	2.929,30	3.292,49	3.655,68	4.018,87
380.000	957,60	1.436,40	1.596,00	2.074,80	2.234,40	2.394,00	2.553,60	2.872,80	**3.192,00**	3.511,20
	20,00	20,00	20,00	20,00	20,00	20,00	20,00	20,00	20,00	20,00
	185,74	276,72	307,04	398,01	428,34	458,66	488,98	549,63	610,28	670,93
	1.163,34	1.733,12	1.923,04	2.492,81	2.682,74	2.872,66	3.062,58	3.442,43	3.822,28	4.202,13
410.000	999,60	1.499,40	1.666,00	2.165,80	2.332,40	2.499,00	2.665,60	2.998,80	**3.332,00**	3.665,20
	20,00	20,00	20,00	20,00	20,00	20,00	20,00	20,00	20,00	20,00
	193,72	288,69	320,34	415,30	446,96	478,61	510,26	573,57	636,88	700,19
	1.213,32	1.808,09	2.006,34	2.601,10	2.799,36	2.997,61	3.195,86	3.592,37	3.988,88	4.385,39
440.000	1.041,60	1.562,40	1.736,00	2.256,80	2.430,40	2.604,00	2.777,60	3.124,80	**3.472,00**	3.819,20
	20,00	20,00	20,00	20,00	20,00	20,00	20,00	20,00	20,00	20,00
	201,70	300,66	333,64	432,59	465,58	498,56	531,54	597,51	663,48	729,45
	1.263,30	1.883,06	2.089,64	2.709,39	2.915,98	3.122,56	3.329,14	3.742,31	4.155,48	4.568,65
470.000	1.083,60	1.625,40	1.806,00	2.347,80	2.528,40	2.709,00	2.889,60	3.250,80	**3.612,00**	3.973,20
	20,00	20,00	20,00	20,00	20,00	20,00	20,00	20,00	20,00	20,00
	209,68	312,63	346,94	449,88	484,20	518,51	552,82	621,45	690,08	758,71
	1.313,28	1.958,03	2.172,94	2.817,68	3.032,60	3.247,51	3.462,42	3.892,25	4.322,08	4.751,91

Kostenrisiko

Wert bis ... €	I. Instanz	I. Instanz Vergl.	II. Instanz	II. Instanz Vergl.
290.000	24.545,00	25.806,36	29.192,21	32.432,78
320.000	26.008,00	27.182,56	30.965,17	34.218,90
350.000	27.471,00	28.558,76	32.738,13	36.005,02
380.000	28.934,00	29.934,96	34.511,09	37.791,14
410.000	30.397,00	31.311,16	36.284,05	39.577,26
440.000	31.860,00	32.687,36	38.057,01	41.363,38
470.000	33.323,00	34.063,56	39.829,97	43.149,50

Anwaltsgebühren nach § 13 RVG

1,20	1,30	1,50	1,60	1,80	1,95	2,50	2,80	3,50	4,10	4,15
3.326,40	3.603,60	4.158,00	4.435,20	4.989,60	5.405,40	6.930,00	7.761,60	9.702,00	11.365,20	11.503,80
20,00	20,00	20,00	20,00	20,00	20,00	20,00	20,00	20,00	20,00	20,00
635,82	688,48	793,82	846,49	951,82	1.030,83	1.320,50	1.478,50	1.847,18	2.163,19	2.189,52
3.982,22	4.312,08	4.971,82	5.301,69	5.961,42	6.456,23	8.270,50	9.260,10	11.569,18	13.548,39	13.713,32
3.494,40	3.785,60	4.368,00	4.659,20	5.241,60	5.678,40	7.280,00	8.153,60	10.192,00	11.939,20	12.084,80
20,00	20,00	20,00	20,00	20,00	20,00	20,00	20,00	20,00	20,00	20,00
667,74	723,06	833,72	889,05	999,70	1.082,70	1.387,00	1.552,98	1.940,28	2.272,25	2.299,91
4.182,14	4.528,66	5.221,72	5.568,25	6.261,30	6.781,10	8.687,00	9.726,58	12.152,28	14.231,45	14.404,71
3.662,40	3.967,60	4.578,00	4.883,20	5.493,60	5.951,40	7.630,00	8.545,60	10.682,00	12.513,20	12.665,80
20,00	20,00	20,00	20,00	20,00	20,00	20,00	20,00	20,00	20,00	20,00
699,66	757,64	873,62	931,61	1.047,58	1.134,57	1.453,50	1.627,46	2.033,38	2.381,31	2.410,30
4.382,06	4.745,24	5.471,62	5.834,81	6.561,18	7.105,97	9.103,50	10.193,06	12.735,38	14.914,51	15.096,10
3.830,40	4.149,60	4.788,00	5.107,20	5.745,60	6.224,40	7.980,00	8.937,60	11.172,00	13.087,20	13.246,80
20,00	20,00	20,00	20,00	20,00	20,00	20,00	20,00	20,00	20,00	20,00
731,58	792,22	913,52	974,17	1.095,46	1.186,44	1.520,00	1.701,94	2.126,48	2.490,37	2.520,69
4.581,98	4.961,82	5.721,52	6.101,37	6.861,06	7.430,84	9.520,00	10.659,54	13.318,48	15.597,57	15.787,49
3.998,40	4.331,60	4.998,00	5.331,20	5.997,60	6.497,40	8.330,00	9.329,60	11.662,00	13.661,20	13.827,80
20,00	20,00	20,00	20,00	20,00	20,00	20,00	20,00	20,00	20,00	20,00
763,50	826,80	953,42	1.016,73	1.143,34	1.238,31	1.586,50	1.776,42	2.219,58	2.599,43	2.631,08
4.781,90	5.178,40	5.971,42	6.367,93	7.160,94	7.755,71	9.936,50	11.126,02	13.901,58	16.280,63	16.478,88
4.166,40	4.513,60	5.208,00	5.555,20	6.249,60	6.770,40	8.680,00	9.721,60	12.152,00	14.235,20	14.408,80
20,00	20,00	20,00	20,00	20,00	20,00	20,00	20,00	20,00	20,00	20,00
795,42	861,38	993,32	1.059,29	1.191,22	1.290,18	1.653,00	1.850,90	2.312,68	2.708,49	2.741,47
4.981,82	5.394,98	6.221,32	6.634,49	7.460,82	8.080,58	10.353,00	11.592,50	14.484,68	16.963,69	17.170,27
4.334,40	4.695,60	5.418,00	5.779,20	6.501,60	7.043,40	9.030,00	10.113,60	12.642,00	14.809,20	14.989,80
20,00	20,00	20,00	20,00	20,00	20,00	20,00	20,00	20,00	20,00	20,00
827,34	895,96	1.033,22	1.101,85	1.239,10	1.342,05	1.719,50	1.925,38	2.405,78	2.817,55	2.851,86
5.181,74	5.611,56	6.471,22	6.901,05	7.760,70	8.405,45	10.769,50	12.058,98	15.067,78	17.646,75	17.861,66

III. Instanz	III. Instanz BGH Rae	III. Instanz BGH Rae, Vergl.	Mahnverfahren
33.839,42	38.457,57	41.698,14	6.305,82
35.922,34	40.773,73	44.027,46	6.660,72
38.005,26	43.089,89	46.356,78	7.015,62
40.088,18	45.406,05	48.686,10	7.370,52
42.171,10	47.722,21	51.015,42	7.725,42
44.254,02	50.038,37	53.344,74	8.080,32
46.336,94	52.354,53	55.674,06	8.435,22

Anwaltsgebühren nach § 13 RVG

Wert bis ... €	0,30	0,45	0,50	0,65	0,70	0,75	0,80	0,90	1,00	1,10
500.000										
Anwaltsgebühr	1.125,60	1.688,40	1.876,00	2.438,80	2.626,40	2.814,00	3.001,60	3.376,80	**3.752,00**	4.127,20
Pauschale	20,00	20,00	20,00	20,00	20,00	20,00	20,00	20,00	20,00	20,00
USt. 19 %	217,66	324,60	360,24	467,17	502,82	538,46	574,10	645,39	716,68	787,97
Summe	1.363,26	2.033,00	2.256,24	2.925,97	3.149,22	3.372,46	3.595,70	4.042,19	4.488,68	4.935,17
550.000	1.178,10	1.767,15	1.963,50	2.552,55	2.748,90	2.945,25	3.141,60	3.534,30	**3.927,00**	4.319,70
	20,00	20,00	20,00	20,00	20,00	20,00	20,00	20,00	20,00	20,00
	227,64	339,56	376,87	488,78	526,09	563,40	600,70	675,32	749,93	824,54
	1.425,74	2.126,71	2.360,37	3.061,33	3.294,99	3.528,65	3.762,30	4.229,62	4.696,93	5.164,24
600.000	1.230,60	1.845,90	2.051,00	2.666,30	2.871,40	3.076,50	3.281,60	3.691,80	**4.102,00**	4.512,20
	20,00	20,00	20,00	20,00	20,00	20,00	20,00	20,00	20,00	20,00
	237,61	354,52	393,49	510,40	549,37	588,34	627,30	705,24	783,18	861,12
	1.488,21	2.220,42	2.464,49	3.196,70	3.440,77	3.684,84	3.928,90	4.417,04	4.905,18	5.393,32
650.000	1.283,10	1.924,65	2.138,50	2.780,05	2.993,90	3.207,75	3.421,60	3.849,30	**4.277,00**	4.704,70
	20,00	20,00	20,00	20,00	20,00	20,00	20,00	20,00	20,00	20,00
	247,59	369,48	410,12	532,01	572,64	613,27	653,90	735,17	816,43	897,69
	1.550,69	2.314,13	2.568,62	3.332,06	3.586,54	3.841,02	4.095,50	4.604,47	5.113,43	5.622,39
700.000	1.335,60	2.003,40	2.226,00	2.893,80	3.116,40	3.339,00	3.561,60	4.006,80	**4.452,00**	4.897,20
	20,00	20,00	20,00	20,00	20,00	20,00	20,00	20,00	20,00	20,00
	257,56	384,45	426,74	553,62	595,92	638,21	680,50	765,09	849,68	934,27
	1.613,16	2.407,85	2.672,74	3.467,42	3.732,32	3.997,21	4.262,10	4.791,89	5.321,68	5.851,47
750.000	1.388,10	2.082,15	2.313,50	3.007,55	3.238,90	3.470,25	3.701,60	4.164,30	**4.627,00**	5.089,70
	20,00	20,00	20,00	20,00	20,00	20,00	20,00	20,00	20,00	20,00
	267,54	399,41	443,37	575,23	619,19	663,15	707,10	795,02	882,93	970,84
	1.675,64	2.501,56	2.776,87	3.602,78	3.878,09	4.153,40	4.428,70	4.979,32	5.529,93	6.080,54
800.000	1.440,60	2.160,90	2.401,00	3.121,30	3.361,40	3.601,50	3.841,60	4.321,80	**4.802,00**	5.282,20
	20,00	20,00	20,00	20,00	20,00	20,00	20,00	20,00	20,00	20,00
	277,51	414,37	459,99	596,85	642,47	688,09	733,70	824,94	916,18	1.007,42
	1.738,11	2.595,27	2.880,99	3.738,15	4.023,87	4.309,59	4.595,30	5.166,74	5.738,18	6.309,62

Kostenrisiko

Wert bis ... €	I. Instanz	I. Instanz Vergl.	II. Instanz	II. Instanz Vergl.
500.000	34.786,00	35.439,76	41.602,93	44.935,62
550.000	36.457,25	37.107,51	43.609,13	47.063,27
600.000	38.128,50	38.775,26	45.615,33	49.190,92
650.000	39.799,75	40.443,01	47.621,53	51.318,57
700.000	41.471,00	42.110,76	49.627,73	53.446,22
750.000	43.142,25	43.778,51	51.633,93	55.573,87
800.000	44.813,50	45.446,26	53.640,13	57.701,52

Anwaltsgebühren nach § 13 RVG

1,20	1,30	1,50	1,60	1,80	1,95	2,50	2,80	3,50	4,10	4,15
4.502,40	4.877,60	5.628,00	6.003,20	6.753,60	7.316,40	9.380,00	10.505,60	13.132,00	15.383,20	15.570,80
20,00	20,00	20,00	20,00	20,00	20,00	20,00	20,00	20,00	20,00	20,00
859,26	930,54	1.073,12	1.144,41	1.286,98	1.393,92	1.786,00	1.999,86	2.498,88	2.926,61	2.962,25
5.381,66	5.828,14	6.721,12	7.167,61	8.060,58	8.730,32	11.186,00	12.525,46	15.650,88	18.329,81	18.553,05
4.712,40	5.105,10	5.890,50	6.283,20	7.068,60	7.657,65	9.817,50	10.995,60	13.744,50	16.100,70	16.297,05
20,00	20,00	20,00	20,00	20,00	20,00	20,00	20,00	20,00	20,00	20,00
899,16	973,77	1.123,00	1.197,61	1.346,83	1.458,75	1.869,13	2.092,96	2.615,26	3.062,93	3.100,24
5.631,56	6.098,87	7.033,50	7.500,81	8.435,43	9.136,40	11.706,63	13.108,56	16.379,76	19.183,63	19.417,29
4.922,40	5.332,60	6.153,00	6.563,20	7.383,60	7.998,90	10.255,00	11.485,60	14.357,00	16.818,20	17.023,30
20,00	20,00	20,00	20,00	20,00	20,00	20,00	20,00	20,00	20,00	20,00
939,06	1.016,99	1.172,87	1.250,81	1.406,68	1.523,59	1.952,25	2.186,06	2.731,63	3.199,26	3.238,23
5.881,46	6.369,59	7.345,87	7.834,01	8.810,28	9.542,49	12.227,25	13.691,66	17.108,63	20.037,46	20.281,53
5.132,40	5.560,10	6.415,50	6.843,20	7.698,60	8.340,15	10.692,50	11.975,60	14.969,50	17.535,70	17.749,55
20,00	20,00	20,00	20,00	20,00	20,00	20,00	20,00	20,00	20,00	20,00
978,96	1.060,22	1.222,75	1.304,01	1.466,53	1.588,43	2.035,38	2.279,16	2.848,01	3.335,58	3.376,21
6.131,36	6.640,32	7.658,25	8.167,21	9.185,13	9.948,58	12.747,88	14.274,76	17.837,51	20.891,28	21.145,76
5.342,40	5.787,60	6.678,00	7.123,20	8.013,60	8.681,40	11.130,00	12.465,60	15.582,00	18.253,20	18.475,80
20,00	20,00	20,00	20,00	20,00	20,00	20,00	20,00	20,00	20,00	20,00
1.018,86	1.103,44	1.272,62	1.357,21	1.526,38	1.653,27	2.118,50	2.372,26	2.964,38	3.471,91	3.514,20
6.381,26	6.911,04	7.970,62	8.500,41	9.559,98	10.354,67	13.268,50	14.857,86	18.566,38	21.745,11	22.010,00
5.552,40	6.015,10	6.940,50	7.403,20	8.328,60	9.022,65	11.567,50	12.955,60	16.194,50	18.970,70	19.202,05
20,00	20,00	20,00	20,00	20,00	20,00	20,00	20,00	20,00	20,00	20,00
1.058,76	1.146,67	1.322,50	1.410,41	1.586,23	1.718,10	2.201,63	2.465,36	3.080,76	3.608,23	3.652,19
6.631,16	7.181,77	8.283,00	8.833,61	9.934,83	10.760,75	13.789,13	15.440,96	19.295,26	22.598,93	22.874,24
5.762,40	6.242,60	7.203,00	7.683,20	8.643,60	9.363,90	12.005,00	13.445,60	16.807,00	19.688,20	19.928,30
20,00	20,00	20,00	20,00	20,00	20,00	20,00	20,00	20,00	20,00	20,00
1.098,66	1.189,89	1.372,37	1.463,61	1.646,08	1.782,94	2.284,75	2.558,46	3.197,13	3.744,56	3.790,18
6.881,06	7.452,49	8.595,37	9.166,81	10.309,68	11.166,84	14.309,75	16.024,06	20.024,13	23.452,76	23.738,48

III. Instanz	**III. Instanz** BGH Rae	**III. Instanz** BGH Rae, Vergl.	**Mahnverfahren**
48.419,86	54.670,69	58.003,38	8.790,12
50.761,01	57.303,39	60.757,53	9.207,50
53.102,16	59.936,09	63.511,68	9.624,87
55.443,31	62.568,79	66.265,83	10.042,25
57.784,46	65.201,49	69.019,98	10.459,62
60.125,61	67.834,19	71.774,13	10.877,00
62.466,76	70.466,89	74.528,28	11.294,37

Anwaltsgebühren nach § 13 RVG

Wert bis ... €	0,30	0,45	0,50	0,65	0,70	0,75	0,80	0,90	1,00	1,10
850.000										
Anwaltsgebühr	1.493,10	2.239,65	2.488,50	3.235,05	3.483,90	3.732,75	3.981,60	4.479,30	**4.977,00**	5.474,70
Pauschale	20,00	20,00	20,00	20,00	20,00	20,00	20,00	20,00	20,00	20,00
USt. 19 %	287,49	429,33	476,62	618,46	665,74	713,02	760,30	854,87	949,43	1.043,99
Summe	1.800,59	2.688,98	2.985,12	3.873,51	4.169,64	4.465,77	4.761,90	5.354,17	5.946,43	6.538,69
900.000	1.545,60	2.318,40	2.576,00	3.348,80	3.606,40	3.864,00	4.121,60	4.636,80	**5.152,00**	5.667,20
	20,00	20,00	20,00	20,00	20,00	20,00	20,00	20,00	20,00	20,00
	297,46	444,30	493,24	640,07	689,02	737,96	786,90	884,79	982,68	1.080,57
	1.863,06	2.782,70	3.089,24	4.008,87	4.315,42	4.621,96	4.928,50	5.541,59	6.154,68	6.767,77
950.000	1.598,10	2.397,15	2.663,50	3.462,55	3.728,90	3.995,25	4.261,60	4.794,30	**5.327,00**	5.859,70
	20,00	20,00	20,00	20,00	20,00	20,00	20,00	20,00	20,00	20,00
	307,44	459,26	509,87	661,68	712,29	762,90	813,50	914,72	1.015,93	1.117,14
	1.925,54	2.876,41	3.193,37	4.144,23	4.461,19	4.778,15	5.095,10	5.729,02	6.362,93	6.996,84
1.000.000	1.650,60	2.475,90	2.751,00	3.576,30	3.851,40	4.126,50	4.401,60	4.951,80	**5.502,00**	6.052,20
	20,00	20,00	20,00	20,00	20,00	20,00	20,00	20,00	20,00	20,00
	317,41	474,22	526,49	683,30	735,57	787,84	840,10	944,64	1.049,18	1.153,72
	1.988,01	2.970,12	3.297,49	4.279,60	4.606,97	4.934,34	5.261,70	5.916,44	6.571,18	7.225,92
1.050.000	1.703,10	2.554,65	2.838,50	3.690,05	3.973,90	4.257,75	4.541,60	5.109,30	**5.677,00**	6.244,70
	20,00	20,00	20,00	20,00	20,00	20,00	20,00	20,00	20,00	20,00
	327,39	489,18	543,12	704,91	758,84	812,77	866,70	974,57	1.082,43	1.190,29
	2.050,49	3.063,83	3.401,62	4.414,96	4.752,74	5.090,52	5.428,30	6.103,87	6.779,43	7.454,99
1.100.000	1.755,60	2.633,40	2.926,00	3.803,80	4.096,40	4.389,00	4.681,60	5.266,80	**5.852,00**	6.437,20
	20,00	20,00	20,00	20,00	20,00	20,00	20,00	20,00	20,00	20,00
	337,36	504,15	559,74	726,52	782,12	837,71	893,30	1.004,49	1.115,68	1.226,87
	2.112,96	3.157,55	3.505,74	4.550,32	4.898,52	5.246,71	5.594,90	6.291,29	6.987,68	7.684,07
1.150.000	1.808,10	2.712,15	3.013,50	3.917,55	4.218,90	4.520,25	4.821,60	5.424,30	**6.027,00**	6.629,70
	20,00	20,00	20,00	20,00	20,00	20,00	20,00	20,00	20,00	20,00
	347,34	519,11	576,37	748,13	805,39	862,65	919,90	1.034,42	1.148,93	1.263,44
	2.175,44	3.251,26	3.609,87	4.685,68	5.044,29	5.402,90	5.761,50	6.478,72	7.195,93	7.913,14

Kostenrisiko

Wert bis ... €	I. Instanz	I. Instanz Vergl.	II. Instanz	II. Instanz Vergl.
850.000	46.484,75	47.114,01	55.646,33	59.829,17
900.000	48.156,00	48.781,76	57.652,53	61.956,82
950.000	49.827,25	50.449,51	59.658,73	64.084,47
1.000.000	51.498,50	52.117,26	61.664,93	66.212,12
1.050.000	53.169,75	53.785,01	63.671,13	68.339,77
1.100.000	54.841,00	55.452,76	65.677,33	70.467,42
1.150.000	56.512,25	57.120,51	67.683,53	72.595,07

1,20	1,30	1,50	1,60	1,80	1,95	2,50	2,80	3,50	4,10	4,15
5.972,40	6.470,10	7.465,50	7.963,20	8.958,60	9.705,15	12.442,50	13.935,60	17.419,50	20.405,70	20.654,55
20,00	20,00	20,00	20,00	20,00	20,00	20,00	20,00	20,00	20,00	20,00
1.138,56	1.233,12	1.422,25	1.516,81	1.705,93	1.847,78	2.367,88	2.651,56	3.313,51	3.880,88	3.928,16
7.130,96	7.723,22	8.907,75	9.500,01	10.684,53	11.572,93	14.830,38	16.607,16	20.753,01	24.306,58	24.602,71
6.182,40	6.697,60	7.728,00	8.243,20	9.273,60	10.046,40	12.880,00	14.425,60	18.032,00	21.123,20	21.380,80
20,00	20,00	20,00	20,00	20,00	20,00	20,00	20,00	20,00	20,00	20,00
1.178,46	1.276,34	1.472,12	1.570,01	1.765,78	1.912,62	2.451,00	2.744,66	3.429,88	4.017,21	4.066,15
7.380,86	7.993,94	9.220,12	9.833,21	11.059,38	11.979,02	15.351,00	17.190,26	21.481,88	25.160,41	25.466,95
6.392,40	6.925,10	7.990,50	8.523,20	9.588,60	10.387,65	13.317,50	14.915,60	18.644,50	21.840,70	22.107,05
20,00	20,00	20,00	20,00	20,00	20,00	20,00	20,00	20,00	20,00	20,00
1.218,36	1.319,57	1.522,00	1.623,21	1.825,63	1.977,45	2.534,13	2.837,76	3.546,26	4.153,53	4.204,14
7.630,76	8.264,67	9.532,50	10.166,41	11.434,23	12.385,10	15.871,63	17.773,36	22.210,76	26.014,23	26.331,19
6.602,40	7.152,60	8.253,00	8.803,20	9.903,60	10.728,90	13.755,00	15.405,60	19.257,00	22.558,20	22.833,30
20,00	20,00	20,00	20,00	20,00	20,00	20,00	20,00	20,00	20,00	20,00
1.258,26	1.362,79	1.571,87	1.676,41	1.885,48	2.042,29	2.617,25	2.930,86	3.662,63	4.289,86	4.342,13
7.880,66	8.535,39	9.844,87	10.499,61	11.809,08	12.791,19	16.392,25	18.356,46	22.939,63	26.868,06	27.195,43
6.812,40	7.380,10	8.515,50	9.083,20	10.218,60	11.070,15	14.192,50	15.895,60	19.869,50	23.275,70	23.559,55
20,00	20,00	20,00	20,00	20,00	20,00	20,00	20,00	20,00	20,00	20,00
1.298,16	1.406,02	1.621,75	1.729,61	1.945,33	2.107,13	2.700,38	3.023,96	3.779,01	4.426,18	4.480,11
8.130,56	8.806,12	10.157,25	10.832,81	12.183,93	13.197,28	16.912,88	18.939,56	23.668,51	27.721,88	28.059,66
7.022,40	7.607,60	8.778,00	9.363,20	10.533,60	11.411,40	14.630,00	16.385,60	20.482,00	23.993,20	24.285,80
20,00	20,00	20,00	20,00	20,00	20,00	20,00	20,00	20,00	20,00	20,00
1.338,06	1.449,24	1.671,62	1.782,81	2.005,18	2.171,97	2.783,50	3.117,06	3.895,38	4.562,51	4.618,10
8.380,46	9.076,84	10.469,62	11.166,01	12.558,78	13.603,37	17.433,50	19.522,66	24.397,38	28.575,71	28.923,90
7.232,40	7.835,10	9.040,50	9.643,20	10.848,60	11.752,65	15.067,50	16.875,60	21.094,50	24.710,70	25.012,05
20,00	20,00	20,00	20,00	20,00	20,00	20,00	20,00	20,00	20,00	20,00
1.377,96	1.492,47	1.721,50	1.836,01	2.065,03	2.236,80	2.866,63	3.210,16	4.011,76	4.698,83	4.756,09
8.630,36	9.347,57	10.782,00	11.499,21	12.933,63	14.009,45	17.954,13	20.105,76	25.126,26	29.429,53	29.788,14

III. Instanz	III. Instanz BGH Rae	III. Instanz BGH Rae, Vergl.	Mahnverfahren
64.807,91	73.099,59	77.282,43	11.711,75
67.149,06	75.732,29	80.036,58	12.129,12
69.490,21	78.364,99	82.790,73	12.546,50
71.831,36	80.997,69	85.544,88	12.963,87
74.172,51	83.630,39	88.299,03	13.381,25
76.513,66	86.263,09	91.053,18	13.798,62
78.854,81	88.895,79	93.807,33	14.216,00

Anwaltsgebühren nach § 13 RVG

Wert bis ... €	0,30	0,45	0,50	0,65	0,70	0,75	0,80	0,90	1,00	1,10
1.200.000										
Anwaltsgebühr	1.860,60	2.790,90	3.101,00	4.031,30	4.341,40	4.651,50	4.961,60	5.581,80	**6.202,00**	6.822,20
Pauschale	20,00	20,00	20,00	20,00	20,00	20,00	20,00	20,00	20,00	20,00
USt. 19 %	357,31	534,07	592,99	769,75	828,67	887,59	946,50	1.064,34	1.182,18	1.300,02
Summe	2.237,91	3.344,97	3.713,99	4.821,05	5.190,07	5.559,09	5.928,10	6.666,14	7.404,18	8.142,22
1.250.000	1.913,10	2.869,65	3.188,50	4.145,05	4.463,90	4.782,75	5.101,60	5.739,30	**6.377,00**	7.014,70
	20,00	20,00	20,00	20,00	20,00	20,00	20,00	20,00	20,00	20,00
	367,29	549,03	609,62	791,36	851,94	912,52	973,10	1.094,27	1.215,43	1.336,59
	2.300,39	3.438,68	3.818,12	4.956,41	5.335,84	5.715,27	6.094,70	6.853,57	7.612,43	8.371,29
1.300.000	1.965,60	2.948,40	3.276,00	4.258,80	4.586,40	4.914,00	5.241,60	5.896,80	**6.552,00**	7.207,20
	20,00	20,00	20,00	20,00	20,00	20,00	20,00	20,00	20,00	20,00
	377,26	564,00	626,24	812,97	875,22	937,46	999,70	1.124,19	1.248,68	1.373,17
	2.362,86	3.532,40	3.922,24	5.091,77	5.481,62	5.871,46	6.261,30	7.040,99	7.820,68	8.600,37
1.350.000	2.018,10	3.027,15	3.363,50	4.372,55	4.708,90	5.045,25	5.381,60	6.054,30	**6.727,00**	7.399,70
	20,00	20,00	20,00	20,00	20,00	20,00	20,00	20,00	20,00	20,00
	387,24	578,96	642,87	834,58	898,49	962,40	1.026,30	1.154,12	1.281,93	1.409,74
	2.425,34	3.626,11	4.026,37	5.227,13	5.627,39	6.027,65	6.427,90	7.228,42	8.028,93	8.829,44
1.400.000	2.070,60	3.105,90	3.451,00	4.486,30	4.831,40	5.176,50	5.521,60	6.211,80	**6.902,00**	7.592,20
	20,00	20,00	20,00	20,00	20,00	20,00	20,00	20,00	20,00	20,00
	397,21	593,92	659,49	856,20	921,77	987,34	1.052,90	1.184,04	1.315,18	1.446,32
	2.487,81	3.719,82	4.130,49	5.362,50	5.773,17	6.183,84	6.594,50	7.415,84	8.237,18	9.058,52
1.450.000	2.123,10	3.184,65	3.538,50	4.600,05	4.953,90	5.307,75	5.661,60	6.369,30	**7.077,00**	7.784,70
	20,00	20,00	20,00	20,00	20,00	20,00	20,00	20,00	20,00	20,00
	407,19	608,88	676,12	877,81	945,04	1.012,27	1.079,50	1.213,97	1.348,43	1.482,89
	2.550,29	3.813,53	4.234,62	5.497,86	5.918,94	6.340,02	6.761,10	7.603,27	8.445,43	9.287,59
1.500.000	2.175,60	3.263,40	3.626,00	4.713,80	5.076,40	5.439,00	5.801,60	6.526,80	**7.252,00**	7.977,20
	20,00	20,00	20,00	20,00	20,00	20,00	20,00	20,00	20,00	20,00
	417,16	623,85	692,74	899,42	968,32	1.037,21	1.106,10	1.243,89	1.381,68	1.519,47
	2.612,76	3.907,25	4.338,74	5.633,22	6.064,72	6.496,21	6.927,70	7.790,69	8.653,68	9.516,67

Kostenrisiko

Wert bis ... €	I. Instanz	I. Instanz Vergl.	II. Instanz	II. Instanz Vergl.
1.200.000	58.183,50	58.788,26	69.689,73	74.722,72
1.250.000	59.854,75	60.456,01	71.695,93	76.850,37
1.300.000	61.526,00	62.123,76	73.702,13	78.978,02
1.350.000	63.197,25	63.791,51	75.708,33	81.105,67
1.400.000	64.868,50	65.459,26	77.714,53	83.233,32
1.450.000	66.539,75	67.127,01	79.720,73	85.360,97
1.500.000	68.211,00	68.794,76	81.726,93	87.488,62

1,20	1,30	1,50	1,60	1,80	1,95	2,50	2,80	3,50	4,10	4,15
7.442,40	8.062,60	9.303,00	9.923,20	11.163,60	12.093,90	15.505,00	17.365,60	21.707,00	25.428,20	25.738,30
20,00	20,00	20,00	20,00	20,00	20,00	20,00	20,00	20,00	20,00	20,00
1.417,86	1.535,69	1.771,37	1.889,21	2.124,88	2.301,64	2.949,75	3.303,26	4.128,13	4.835,16	4.894,08
8.880,26	9.618,29	11.094,37	11.832,41	13.308,48	14.415,54	18.474,75	20.688,86	25.855,13	30.283,36	30.652,38
7.652,40	8.290,10	9.565,50	10.203,20	11.478,60	12.435,15	15.942,50	17.855,60	22.319,50	26.145,70	26.464,55
20,00	20,00	20,00	20,00	20,00	20,00	20,00	20,00	20,00	20,00	20,00
1.457,76	1.578,92	1.821,25	1.942,41	2.184,73	2.366,48	3.032,88	3.396,36	4.244,51	4.971,48	5.032,06
9.130,16	9.889,02	11.406,75	12.165,61	13.683,33	14.821,63	18.995,38	21.271,96	26.584,01	31.137,18	31.516,61
7.862,40	8.517,60	9.828,00	10.483,20	11.793,60	12.776,40	16.380,00	18.345,60	22.932,00	26.863,20	27.190,80
20,00	20,00	20,00	20,00	20,00	20,00	20,00	20,00	20,00	20,00	20,00
1.497,66	1.622,14	1.871,12	1.995,61	2.244,58	2.431,32	3.116,00	3.489,46	4.360,88	5.107,81	5.170,05
9.380,06	10.159,74	11.719,12	12.498,81	14.058,18	15.227,72	19.516,00	21.855,06	27.312,88	31.991,01	32.380,85
8.072,40	8.745,10	10.090,50	10.763,20	12.108,60	13.117,65	16.817,50	18.835,60	23.544,50	27.580,70	27.917,05
20,00	20,00	20,00	20,00	20,00	20,00	20,00	20,00	20,00	20,00	20,00
1.537,56	1.665,37	1.921,00	2.048,81	2.304,43	2.496,15	3.199,13	3.582,56	4.477,26	5.244,13	5.308,04
9.629,96	10.430,47	12.031,50	12.832,01	14.433,03	15.633,80	20.036,63	22.438,16	28.041,76	32.844,83	33.245,09
8.282,40	8.972,60	10.353,00	11.043,20	12.423,60	13.458,90	17.255,00	19.325,60	24.157,00	28.298,20	28.643,30
20,00	20,00	20,00	20,00	20,00	20,00	20,00	20,00	20,00	20,00	20,00
1.577,46	1.708,59	1.970,87	2.102,01	2.364,28	2.560,99	3.282,25	3.675,66	4.593,63	5.380,46	5.446,03
9.879,86	10.701,19	12.343,87	13.165,21	14.807,88	16.039,89	20.557,25	23.021,26	28.770,63	33.698,66	34.109,33
8.492,40	9.200,10	10.615,50	11.323,20	12.738,60	13.800,15	17.692,50	19.815,60	24.769,50	29.015,70	29.369,55
20,00	20,00	20,00	20,00	20,00	20,00	20,00	20,00	20,00	20,00	20,00
1.617,36	1.751,82	2.020,75	2.155,21	2.424,13	2.625,83	3.365,38	3.768,76	4.710,01	5.516,78	5.584,01
10.129,76	10.971,92	12.656,25	13.498,41	15.182,73	16.445,98	21.077,88	23.604,36	29.499,51	34.552,48	34.973,56
8.702,40	9.427,60	10.878,00	11.603,20	13.053,60	14.141,40	18.130,00	20.305,60	25.382,00	29.733,20	30.095,80
20,00	20,00	20,00	20,00	20,00	20,00	20,00	20,00	20,00	20,00	20,00
1.657,26	1.795,04	2.070,62	2.208,41	2.483,98	2.690,67	3.448,50	3.861,86	4.826,38	5.653,11	5.722,00
10.379,66	11.242,64	12.968,62	13.831,61	15.557,58	16.852,07	21.598,50	24.187,46	30.228,38	35.406,31	35.837,80

III. Instanz	III. Instanz BGH Rae	III. Instanz BGH Rae, Vergl.	Mahnverfahren
81.195,96	91.528,49	96.561,48	14.633,37
83.537,11	94.161,19	99.315,63	15.050,75
85.878,26	96.793,89	102.069,78	15.468,12
88.219,41	99.426,59	104.823,93	15.885,50
90.560,56	102.059,29	107.578,08	16.302,87
92.901,71	104.691,99	110.332,23	16.720,25
95.242,86	107.324,69	113.086,38	17.137,62

Anwaltsgebühren nach § 13 RVG

Wert bis ... €	0,30	0,45	0,50	0,65	0,70	0,75	0,80	0,90	1,00	1,10
1.550.000										
Anwaltsgebühr	2.228,10	3.342,15	3.713,50	4.827,55	5.198,90	5.570,25	5.941,60	6.684,30	**7.427,00**	8.169,70
Pauschale	20,00	20,00	20,00	20,00	20,00	20,00	20,00	20,00	20,00	20,00
USt. 19 %	427,14	638,81	709,37	921,03	991,59	1.062,15	1.132,70	1.273,82	1.414,93	1.556,04
Summe	2.675,24	4.000,96	4.442,87	5.768,58	6.210,49	6.652,40	7.094,30	7.978,12	8.861,93	9.745,74
1.600.000	2.280,60	3.420,90	3.801,00	4.941,30	5.321,40	5.701,50	6.081,60	6.841,80	**7.602,00**	8.362,20
	20,00	20,00	20,00	20,00	20,00	20,00	20,00	20,00	20,00	20,00
	437,11	653,77	725,99	942,65	1.014,87	1.087,09	1.159,30	1.303,74	1.448,18	1.592,62
	2.737,71	4.094,67	4.546,99	5.903,95	6.356,27	6.808,59	7.260,90	8.165,54	9.070,18	9.974,82
1.650.000	2.333,10	3.499,65	3.888,50	5.055,05	5.443,90	5.832,75	6.221,60	6.999,30	**7.777,00**	8.554,70
	20,00	20,00	20,00	20,00	20,00	20,00	20,00	20,00	20,00	20,00
	447,09	668,73	742,62	964,26	1.038,14	1.112,02	1.185,90	1.333,67	1.481,43	1.629,19
	2.800,19	4.188,38	4.651,12	6.039,31	6.502,04	6.964,77	7.427,50	8.352,97	9.278,43	10.203,89
1.700.000	2.385,60	3.578,40	3.976,00	5.168,80	5.566,40	5.964,00	6.361,60	7.156,80	**7.952,00**	8.747,20
	20,00	20,00	20,00	20,00	20,00	20,00	20,00	20,00	20,00	20,00
	457,06	683,70	759,24	985,87	1.061,42	1.136,96	1.212,50	1.363,59	1.514,68	1.665,77
	2.862,66	4.282,10	4.755,24	6.174,67	6.647,82	7.120,96	7.594,10	8.540,39	9.486,68	10.432,97
1.750.000	2.888,10	4.332,15	4.813,50	6.257,55	6.738,90	7.220,25	7.701,60	8.664,30	**9.627,00**	10.589,70
	20,00	20,00	20,00	20,00	20,00	20,00	20,00	20,00	20,00	20,00
	552,54	826,91	918,37	1.192,73	1.284,19	1.375,65	1.467,10	1.650,02	1.832,93	2.015,84
	3.460,64	5.179,06	5.751,87	7.470,28	8.043,09	8.615,90	9.188,70	10.334,32	11.479,93	12.625,54
1.800.000	2.940,60	4.410,90	4.901,00	6.371,30	6.861,40	7.351,50	7.841,60	8.821,80	**9.802,00**	10.782,20
	20,00	20,00	20,00	20,00	20,00	20,00	20,00	20,00	20,00	20,00
	562,51	841,87	934,99	1.214,35	1.307,47	1.400,59	1.493,70	1.679,94	1.866,18	2.052,42
	3.523,11	5.272,77	5.855,99	7.605,65	8.188,87	8.772,09	9.355,30	10.521,74	11.688,18	12.854,62
1.850.000	2.993,10	4.489,65	4.988,50	6.485,05	6.983,90	7.482,75	7.981,60	8.979,30	**9.977,00**	10.974,70
	20,00	20,00	20,00	20,00	20,00	20,00	20,00	20,00	20,00	20,00
	572,49	856,83	951,62	1.235,96	1.330,74	1.425,52	1.520,30	1.709,87	1.899,43	2.088,99
	3.585,59	5.366,48	5.960,12	7.741,01	8.334,64	8.928,27	9.521,90	10.709,17	11.896,43	13.083,69

Kostenrisiko

Wert bis ... €	I. Instanz	I. Instanz Vergl.	II. Instanz	II. Instanz Vergl.
1.550.000	69.882,25	70.462,51	83.733,13	89.616,27
1.600.000	71.553,50	72.130,26	85.739,33	91.743,92
1.650.000	73.224,75	73.798,01	87.745,53	93.871,57
1.700.000	74.896,00	75.465,76	89.751,73	95.999,22
1.750.000	85.492,25	89.628,51	101.753,93	112.763,87
1.800.000	87.163,50	91.296,26	103.760,13	114.891,52
1.850.000	88.834,75	92.964,01	105.766,33	117.019,17

Anwaltsgebühren nach § 13 RVG

1,20	1,30	1,50	1,60	1,80	1,95	2,50	2,80	3,50	4,10	4,15
8.912,40	9.655,10	11.140,50	11.883,20	13.368,60	14.482,65	18.567,50	20.795,60	25.994,50	30.450,70	30.822,05
20,00	20,00	20,00	20,00	20,00	20,00	20,00	20,00	20,00	20,00	20,00
1.697,16	1.838,27	2.120,50	2.261,61	2.543,83	2.755,50	3.531,63	3.954,96	4.942,76	5.789,43	5.859,99
10.629,56	11.513,37	13.281,00	14.164,81	15.932,43	17.258,15	22.119,13	24.770,56	30.957,26	36.260,13	36.702,04
9.122,40	9.882,60	11.403,00	12.163,20	13.683,60	14.823,90	19.005,00	21.285,60	26.607,00	31.168,20	31.548,30
20,00	20,00	20,00	20,00	20,00	20,00	20,00	20,00	20,00	20,00	20,00
1.737,06	1.881,49	2.170,37	2.314,81	2.603,68	2.820,34	3.614,75	4.048,06	5.059,13	5.925,76	5.997,98
10.879,46	11.784,09	13.593,37	14.498,01	16.307,28	17.664,24	22.639,75	25.353,66	31.686,13	37.113,96	37.566,28
9.332,40	10.110,10	11.665,50	12.443,20	13.998,60	15.165,15	19.442,50	21.775,60	27.219,50	31.885,70	32.274,55
20,00	20,00	20,00	20,00	20,00	20,00	20,00	20,00	20,00	20,00	20,00
1.776,96	1.924,72	2.220,25	2.368,01	2.663,53	2.885,18	3.697,88	4.141,16	5.175,51	6.062,08	6.135,96
11.129,36	12.054,82	13.905,75	14.831,21	16.682,13	18.070,33	23.160,38	25.936,76	32.415,01	37.967,78	38.430,51
9.542,40	10.337,60	11.928,00	12.723,20	14.313,60	15.506,40	19.880,00	22.265,60	27.832,00	32.603,20	33.000,80
20,00	20,00	20,00	20,00	20,00	20,00	20,00	20,00	20,00	20,00	20,00
1.816,86	1.967,94	2.270,12	2.421,21	2.723,38	2.950,02	3.781,00	4.234,26	5.291,88	6.198,41	6.273,95
11.379,26	12.325,54	14.218,12	15.164,41	17.056,98	18.476,42	23.681,00	26.519,86	33.143,88	38.821,61	39.294,75
11.552,40	12.515,10	14.440,50	15.403,20	17.328,60	18.772,65	24.067,50	26.955,60	33.694,50	39.470,70	39.952,05
20,00	20,00	20,00	20,00	20,00	20,00	20,00	20,00	20,00	20,00	20,00
2.198,76	2.381,67	2.747,50	2.930,41	3.296,23	3.570,60	4.576,63	5.125,36	6.405,76	7.503,23	7.594,69
13.771,16	14.916,77	17.208,00	18.353,61	20.644,83	22.363,25	28.664,13	32.100,96	40.120,26	46.993,93	47.566,74
11.762,40	12.742,60	14.703,00	15.683,20	17.643,60	19.113,90	24.505,00	27.445,60	34.307,00	40.188,20	40.678,30
20,00	20,00	20,00	20,00	20,00	20,00	20,00	20,00	20,00	20,00	20,00
2.238,66	2.424,89	2.797,37	2.983,61	3.356,08	3.635,44	4.659,75	5.218,46	6.522,13	7.639,56	7.732,68
14.021,06	15.187,49	17.520,37	18.686,81	21.019,68	22.769,34	29.184,75	32.684,06	40.849,13	47.847,76	48.430,98
11.972,40	12.970,10	14.965,50	15.963,20	17.958,60	19.455,15	24.942,50	27.935,60	34.919,50	40.905,70	41.404,55
20,00	20,00	20,00	20,00	20,00	20,00	20,00	20,00	20,00	20,00	20,00
2.278,56	2.468,12	2.847,25	3.036,81	3.415,93	3.700,28	4.742,88	5.311,56	6.638,51	7.775,88	7.870,66
14.270,96	15.458,22	17.832,75	19.020,01	21.394,53	23.175,43	29.705,38	33.267,16	41.578,01	48.701,58	49.295,21

III. Instanz	III. Instanz BGH Rae	III. Instanz BGH Rae, Vergl.	Mahnverfahren
97.584,01	109.957,39	115.840,53	17.555,00
99.925,16	112.590,09	118.594,68	17.972,37
102.266,31	115.222,79	121.348,83	18.389,75
104.607,46	117.855,49	124.102,98	18.807,12
118.015,61	134.054,19	145.064,13	21.902,00
120.356,76	136.686,89	147.818,28	22.319,37
122.697,91	139.319,59	150.572,43	22.736,75

Anwaltsgebühren nach § 13 RVG

Wert bis ... €	0,30	0,45	0,50	0,65	0,70	0,75	0,80	0,90	1,00	1,10
1.900.000										
Anwaltsgebühr	3.045,60	4.568,40	5.076,00	6.598,80	7.106,40	7.614,00	8.121,60	9.136,80	**10.152,00**	11.167,20
Pauschale	20,00	20,00	20,00	20,00	20,00	20,00	20,00	20,00	20,00	20,00
USt. 19 %	582,46	871,80	968,24	1.257,57	1.354,02	1.450,46	1.546,90	1.739,79	1.932,68	2.125,57
Summe	3.648,06	5.460,20	6.064,24	7.876,37	8.480,42	9.084,46	9.688,50	10.896,59	12.104,68	13.312,77
1.950.000	3.098,10	4.647,15	5.163,50	6.712,55	7.228,90	7.745,25	8.261,60	9.294,30	**10.327,00**	11.359,70
	20,00	20,00	20,00	20,00	20,00	20,00	20,00	20,00	20,00	20,00
	592,44	886,76	984,87	1.279,18	1.377,29	1.475,40	1.573,50	1.769,72	1.965,93	2.162,14
	3.710,54	5.553,91	6.168,37	8.011,73	8.626,19	9.240,65	9.855,10	11.084,02	12.312,93	13.541,84
2.000.000	3.150,60	4.725,90	5.251,00	6.826,30	7.351,40	7.876,50	8.401,60	9.451,80	**10.502,00**	11.552,20
	20,00	20,00	20,00	20,00	20,00	20,00	20,00	20,00	20,00	20,00
	602,41	901,72	1.001,49	1.300,80	1.400,57	1.500,34	1.600,10	1.799,64	1.999,18	2.198,72
	3.773,01	5.647,62	6.272,49	8.147,10	8.771,97	9.396,84	10.021,70	11.271,44	12.521,18	13.770,92

Kostenrisiko

Wert bis ... €	I. Instanz	I. Instanz Vergl.	II. Instanz	II. Instanz Vergl.
1.900.000	90.506,00	94.631,76	107.772,53	119.146,82
1.950.000	92.177,25	96.299,51	109.778,73	121.274,47
2.000.000	93.848,50	97.967,26	111.784,93	123.402,12

1,20	1,30	1,50	1,60	1,80	1,95	2,50	2,80	3,50	4,10	4,15
12.182,40	13.197,60	15.228,00	16.243,20	18.273,60	19.796,40	25.380,00	28.425,60	35.532,00	41.623,20	42.130,80
20,00	20,00	20,00	20,00	20,00	20,00	20,00	20,00	20,00	20,00	20,00
2.318,46	2.511,34	2.897,12	3.090,01	3.475,78	3.765,12	4.826,00	5.404,66	6.754,88	7.912,21	8.008,65
14.520,86	15.728,94	18.145,12	19.353,21	21.769,38	23.581,52	30.226,00	33.850,26	42.306,88	49.555,41	50.159,45
12.392,40	13.425,10	15.490,50	16.523,20	18.588,60	20.137,65	25.817,50	28.915,60	36.144,50	42.340,70	42.857,05
20,00	20,00	20,00	20,00	20,00	20,00	20,00	20,00	20,00	20,00	20,00
2.358,36	2.554,57	2.947,00	3.143,21	3.535,63	3.829,95	4.909,13	5.497,76	6.871,26	8.048,53	8.146,64
14.770,76	15.999,67	18.457,50	19.686,41	22.144,23	23.987,60	30.746,63	34.433,36	43.035,76	50.409,23	51.023,69
12.602,40	13.652,60	15.753,00	16.803,20	18.903,60	20.478,90	26.255,00	29.405,60	36.757,00	43.058,20	43.583,30
20,00	20,00	20,00	20,00	20,00	20,00	20,00	20,00	20,00	20,00	20,00
2.398,26	2.597,79	2.996,87	3.196,41	3.595,48	3.894,79	4.992,25	5.590,86	6.987,63	8.184,86	8.284,63
15.020,66	16.270,39	18.769,87	20.019,61	22.519,08	24.393,69	31.267,25	35.016,46	43.764,63	51.263,06	51.887,93

III. Instanz	III. Instanz BGH Rae	III. Instanz BGH Rae, Vergl.	Mahnverfahren
125.039,06	141.952,29	153.326,58	23.154,12
127.380,21	144.584,99	156.080,73	23.571,50
129.721,36	147.217,69	158.834,88	23.988,87

Wert bis … €		0,30	0,50	0,65	0,75	0,80	1,00	1,10	1,20	1,30
500	**AG**	15,00	24,50	31,85	36,75	39,20	**49,00**	53,90	58,80	63,70
	Pauschale	3,00	4,90	6,37	7,35	7,84	9,80	10,78	11,76	12,74
	USt. 19 %	3,42	5,59	7,26	8,38	8,94	11,17	12,29	13,41	14,52
	Summe	21,42	34,99	45,48	52,48	55,98	69,97	76,97	83,97	90,96
1.000		26,40	44,00	57,20	66,00	70,40	**88,00**	96,80	105,60	114,40
		5,28	8,80	11,44	13,20	14,08	17,60	19,36	20,00	20,00
		6,02	10,03	13,04	15,05	16,05	20,06	22,07	23,86	25,54
		37,70	62,83	81,68	94,25	100,53	125,66	138,23	149,46	159,94
1.500		38,10	63,50	82,55	95,25	101,60	**127,00**	139,70	152,40	165,10
		7,62	12,70	16,51	19,05	20,00	20,00	20,00	20,00	20,00
		8,69	14,48	18,82	21,72	23,10	27,93	30,34	32,76	35,17
		54,41	90,68	117,88	136,02	144,70	174,93	190,04	205,16	220,27
2.000		49,80	83,00	107,90	124,50	132,80	**166,00**	182,60	199,20	215,80
		9,96	16,60	20,00	20,00	20,00	20,00	20,00	20,00	20,00
		11,35	18,92	24,30	27,46	29,03	35,34	38,49	41,65	44,80
		71,11	118,52	152,20	171,96	181,83	221,34	241,09	260,85	280,60
3.000		66,60	111,00	144,30	166,50	177,60	**222,00**	244,20	266,40	288,60
		13,32	20,00	20,00	20,00	20,00	20,00	20,00	20,00	20,00
		15,18	24,89	31,22	35,44	37,54	45,98	50,20	54,42	58,63
		95,10	155,89	195,52	221,94	235,14	287,98	314,40	340,82	367,23
4.000		83,40	139,00	180,70	208,50	222,40	**278,00**	305,80	333,60	361,40
		16,68	20,00	20,00	20,00	20,00	20,00	20,00	20,00	20,00
		19,02	30,21	38,13	43,42	46,06	56,62	61,90	67,18	72,47
		119,10	189,21	238,83	271,92	288,46	354,62	387,70	420,78	453,87
5.000		100,20	167,00	217,10	250,50	267,20	**334,00**	367,40	400,80	434,20
		20,00	20,00	20,00	20,00	20,00	20,00	20,00	20,00	20,00
		22,84	35,53	45,05	51,40	54,57	67,26	73,61	79,95	86,30
		143,04	222,53	282,15	321,90	341,77	421,26	461,01	500,75	540,50

Kostenrisiko

Wert bis	I. Instanz	I. Instanz Vergl.	II. Instanz	II. Instanz Vergl.
500	453,15	493,77	526,14	601,74
1.000	745,20	838,64	866,03	1.022,30
1.500	1.037,25	1.183,51	1.205,93	1.442,87
2.000	1.329,30	1.528,38	1.545,82	1.863,43
3.000	1.725,50	2.015,86	2.003,01	2.451,88
4.000	2.121,70	2.503,34	2.460,19	3.040,32
5.000	2.517,90	2.990,82	2.917,38	3.628,77

1,50	1,60	1,80	1,95	2,50	2,80	3,50	4,10	4,15
73,50	78,40	88,20	95,55	122,50	137,20	171,50	200,90	203,35
14,70	15,68	17,64	19,11	20,00	20,00	20,00	20,00	20,00
16,76	17,88	20,11	21,79	27,08	29,87	36,39	41,97	42,44
104,96	111,96	125,95	136,45	169,58	187,07	227,89	262,87	265,79
132,00	140,80	158,40	171,60	220,00	246,40	308,00	360,80	365,20
20,00	20,00	20,00	20,00	20,00	20,00	20,00	20,00	20,00
28,88	30,55	33,90	36,40	45,60	50,62	62,32	72,35	73,19
180,88	191,35	212,30	228,00	285,60	317,02	390,32	453,15	458,39
190,50	203,20	228,60	247,65	317,50	355,60	444,50	520,70	527,05
20,00	20,00	20,00	20,00	20,00	20,00	20,00	20,00	20,00
40,00	42,41	47,23	50,85	64,13	71,36	88,26	102,73	103,94
250,50	265,61	295,83	318,50	401,63	446,96	552,76	643,43	650,99
249,00	265,60	298,80	323,70	415,00	464,80	581,00	680,60	688,90
20,00	20,00	20,00	20,00	20,00	20,00	20,00	20,00	20,00
51,11	54,26	60,57	65,30	82,65	92,11	114,19	133,11	134,69
320,11	339,86	379,37	409,00	517,65	576,91	715,19	833,71	843,59
333,00	355,20	399,60	432,90	555,00	621,60	777,00	910,20	921,30
20,00	20,00	20,00	20,00	20,00	20,00	20,00	20,00	20,00
67,07	71,29	79,72	86,05	109,25	121,90	151,43	176,74	178,85
420,07	446,49	499,32	538,95	684,25	763,50	948,43	1.106,94	1.120,15
417,00	444,80	500,40	542,10	695,00	778,40	973,00	1.139,80	1.153,70
20,00	20,00	20,00	20,00	20,00	20,00	20,00	20,00	20,00
83,03	88,31	98,88	106,80	135,85	151,70	188,67	220,36	223,00
520,03	553,11	619,28	668,90	850,85	950,10	1.181,67	1.380,16	1.396,70
501,00	534,40	601,20	651,30	835,00	935,20	1.169,00	1.369,40	1.386,10
20,00	20,00	20,00	20,00	20,00	20,00	20,00	20,00	20,00
98,99	105,34	118,03	127,55	162,45	181,49	225,91	263,99	267,16
619,99	659,74	739,23	798,85	1.017,45	1.136,69	1.414,91	1.653,39	1.673,26

III. Instanz	**III. Instanz** BGH-RAe	**III. Instanz** BGH-RAe, Vergl.	**Mahnverfahren**
599,12	680,76	756,36	140,96
986,86	1.133,47	1.289,74	216,88
1.374,61	1.586,19	1.823,13	289,50
1.762,35	2.038,90	2.356,51	369,11
2.280,52	2.650,37	3.099,24	479,57
2.798,68	3.261,83	3.841,96	590,03
3.316,85	3.873,30	4.584,69	700,49

Anwaltsgebühren nach § 13 RVG (2021)

Wert bis … €		0,30	0,50	0,65	0,75	0,80	1,00	1,10	1,20	1,30
6.000	**AG**	117,00	195,00	253,50	292,50	312,00	**390,00**	429,00	468,00	507,00
	Pauschale	20,00	20,00	20,00	20,00	20,00	20,00	20,00	20,00	20,00
	USt. 19 %	26,03	40,85	51,97	59,38	63,08	77,90	85,31	92,72	100,13
	Summe	163,03	255,85	325,47	371,88	395,08	487,90	534,31	580,72	627,13
7.000		133,80	223,00	289,90	334,50	356,80	**446,00**	490,60	535,20	579,80
		20,00	20,00	20,00	20,00	20,00	20,00	20,00	20,00	20,00
		29,22	46,17	58,88	67,36	71,59	88,54	97,01	105,49	113,96
		183,02	289,17	368,78	421,86	448,39	554,54	607,61	660,69	713,76
8.000		150,60	251,00	326,30	376,50	401,60	**502,00**	552,20	602,40	652,60
		20,00	20,00	20,00	20,00	20,00	20,00	20,00	20,00	20,00
		32,41	51,49	65,80	75,34	80,10	99,18	108,72	118,26	127,79
		203,01	322,49	412,10	471,84	501,70	621,18	680,92	740,66	800,39
9.000		167,40	279,00	362,70	418,50	446,40	**558,00**	613,80	669,60	725,40
		20,00	20,00	20,00	20,00	20,00	20,00	20,00	20,00	20,00
		35,61	56,81	72,71	83,32	88,62	109,82	120,42	131,02	141,63
		223,01	355,81	455,41	521,82	555,02	687,82	754,22	820,62	887,03
10.000		184,20	307,00	399,10	460,50	491,20	**614,00**	675,40	736,80	798,20
		20,00	20,00	20,00	20,00	20,00	20,00	20,00	20,00	20,00
		38,80	62,13	79,63	91,30	97,13	120,46	132,13	143,79	155,46
		243,00	389,13	498,73	571,80	608,33	754,46	827,53	900,59	973,66
13.000		199,80	333,00	432,90	499,50	532,80	**666,00**	732,60	799,20	865,80
		20,00	20,00	20,00	20,00	20,00	20,00	20,00	20,00	20,00
		41,76	67,07	86,05	98,71	105,03	130,34	142,99	155,65	168,30
		261,56	420,07	538,95	618,21	657,83	816,34	895,59	974,85	1.054,10
16.000		215,40	359,00	466,70	538,50	574,40	**718,00**	789,80	861,60	933,40
		20,00	20,00	20,00	20,00	20,00	20,00	20,00	20,00	20,00
		44,73	72,01	92,47	106,12	112,94	140,22	153,86	167,50	181,15
		280,13	451,01	579,17	664,62	707,34	878,22	963,66	1.049,10	1.134,55

Kostenrisiko

Wert bis	I. Instanz	I. Instanz Vergl.	II. Instanz	II. Instanz Vergl.
6.000	2.914,10	3.478,30	3.374,56	4.217,22
7.000	3.310,30	3.965,78	3.831,74	4.805,67
8.000	3.706,50	4.453,26	4.288,93	5.394,12
9.000	4.102,70	4.940,74	4.746,11	5.982,56
10.000	4.498,90	5.428,22	5.203,30	6.571,01
13.000	4.895,30	5.890,38	5.665,82	7.136,43
16.000	5.291,70	6.352,54	6.128,35	7.701,84

1,50	1,60	1,80	1,95	2,50	2,80	3,50	4,10	4,15
585,00	624,00	702,00	760,50	975,00	1.092,00	1.365,00	1.599,00	1.618,50
20,00	20,00	20,00	20,00	20,00	20,00	20,00	20,00	20,00
114,95	122,36	137,18	148,30	189,05	211,28	263,15	307,61	311,32
719,95	766,36	859,18	928,80	1.184,05	1.323,28	1.648,15	1.926,61	1.949,82
669,00	713,60	802,80	869,70	1.115,00	1.248,80	1.561,00	1.828,60	1.850,90
20,00	20,00	20,00	20,00	20,00	20,00	20,00	20,00	20,00
130,91	139,38	156,33	169,04	215,65	241,07	300,39	351,23	355,47
819,91	872,98	979,13	1.058,74	1.350,65	1.509,87	1.881,39	2.199,83	2.226,37
753,00	803,20	903,60	978,90	1.255,00	1.405,60	1.757,00	2.058,20	2.083,30
20,00	20,00	20,00	20,00	20,00	20,00	20,00	20,00	20,00
146,87	156,41	175,48	189,79	242,25	270,86	337,63	394,86	399,63
919,87	979,61	1.099,08	1.188,69	1.517,25	1.696,46	2.114,63	2.473,06	2.502,93
837,00	892,80	1.004,40	1.088,10	1.395,00	1.562,40	1.953,00	2.287,80	2.315,70
20,00	20,00	20,00	20,00	20,00	20,00	20,00	20,00	20,00
162,83	173,43	194,64	210,54	268,85	300,66	374,87	438,48	443,78
1.019,83	1.086,23	1.219,04	1.318,64	1.683,85	1.883,06	2.347,87	2.746,28	2.779,48
921,00	982,40	1.105,20	1.197,30	1.535,00	1.719,20	2.149,00	2.517,40	2.548,10
20,00	20,00	20,00	20,00	20,00	20,00	20,00	20,00	20,00
178,79	190,46	213,79	231,29	295,45	330,45	412,11	482,11	487,94
1.119,79	1.192,86	1.338,99	1.448,59	1.850,45	2.069,65	2.581,11	3.019,51	3.056,04
999,00	1.065,60	1.198,80	1.298,70	1.665,00	1.864,80	2.331,00	2.730,60	2.763,90
20,00	20,00	20,00	20,00	20,00	20,00	20,00	20,00	20,00
193,61	206,26	231,57	250,55	320,15	358,11	446,69	522,61	528,94
1.212,61	1.291,86	1.450,37	1.569,25	2.005,15	2.242,91	2.797,69	3.273,21	3.312,84
1.077,00	1.148,80	1.292,40	1.400,10	1.795,00	2.010,40	2.513,00	2.943,80	2.979,70
20,00	20,00	20,00	20,00	20,00	20,00	20,00	20,00	20,00
208,43	222,07	249,36	269,82	344,85	385,78	481,27	563,12	569,94
1.305,43	1.390,87	1.561,76	1.689,92	2.159,85	2.416,18	3.014,27	3.526,92	3.569,64

III. Instanz	III. Instanz BGH-RAe	III. Instanz BGH-RAe, Vergl.	Mahnverfahren
3.835,02	4.484,76	5.327,42	810,95
4.353,19	5.096,22	6.070,15	921,41
4.871,36	5.707,69	6.812,88	1.031,87
5.389,52	6.319,15	7.555,60	1.142,33
5.907,69	6.930,62	8.298,33	1.252,79
6.436,35	7.545,90	9.016,51	1.360,11
6.965,00	8.161,19	9.734,68	1.467,43

Anwaltsgebühren nach § 13 RVG (2021)

Wert bis … €		0,30	0,50	0,65	0,75	0,80	1,00	1,10	1,20	1,30
19.000	**AG**	231,00	385,00	500,50	577,50	616,00	**770,00**	847,00	924,00	1.001,00
	Pauschale	20,00	20,00	20,00	20,00	20,00	20,00	20,00	20,00	20,00
	USt. 19 %	47,69	76,95	98,90	113,53	120,84	150,10	164,73	179,36	193,99
	Summe	298,69	481,95	619,40	711,03	756,84	940,10	1.031,73	1.123,36	1.214,99
22.000		246,60	411,00	534,30	616,50	657,60	**822,00**	904,20	986,40	1.068,60
		20,00	20,00	20,00	20,00	20,00	20,00	20,00	20,00	20,00
		50,65	81,89	105,32	120,94	128,74	159,98	175,60	191,22	206,83
		317,25	512,89	659,62	757,44	806,34	1.001,98	1.099,80	1.197,62	1.295,43
25.000		262,20	437,00	568,10	655,50	699,20	**874,00**	961,40	1.048,80	1.136,20
		20,00	20,00	20,00	20,00	20,00	20,00	20,00	20,00	20,00
		53,62	86,83	111,74	128,35	136,65	169,86	186,47	203,07	219,68
		335,82	543,83	699,84	803,85	855,85	1.063,86	1.167,87	1.271,87	1.375,88
30.000		286,50	477,50	620,75	716,25	764,00	**955,00**	1.050,50	1.146,00	1.241,50
		20,00	20,00	20,00	20,00	20,00	20,00	20,00	20,00	20,00
		58,24	94,53	121,74	139,89	148,96	185,25	203,40	221,54	239,69
		364,74	592,03	762,49	876,14	932,96	1.160,25	1.273,90	1.387,54	1.501,19
35.000		310,80	518,00	673,40	777,00	828,80	**1.036,00**	1.139,60	1.243,20	1.346,80
		20,00	20,00	20,00	20,00	20,00	20,00	20,00	20,00	20,00
		62,85	102,22	131,75	151,43	161,27	200,64	220,32	240,01	259,69
		393,65	640,22	825,15	948,43	1.010,07	1.256,64	1.379,92	1.503,21	1.626,49
40.000		335,10	558,50	726,05	837,75	893,60	**1.117,00**	1.228,70	1.340,40	1.452,10
		20,00	20,00	20,00	20,00	20,00	20,00	20,00	20,00	20,00
		67,47	109,92	141,75	162,97	173,58	216,03	237,25	258,48	279,70
		422,57	688,42	887,80	1.020,72	1.087,18	1.353,03	1.485,95	1.618,88	1.751,80
45.000		359,40	599,00	778,70	898,50	958,40	**1.198,00**	1.317,80	1.437,60	1.557,40
		20,00	20,00	20,00	20,00	20,00	20,00	20,00	20,00	20,00
		72,09	117,61	151,75	174,52	185,90	231,42	254,18	276,94	299,71
		451,49	736,61	950,45	1.093,02	1.164,30	1.449,42	1.591,98	1.734,54	1.877,11

Kostenrisiko

Wert bis	I. Instanz	I. Instanz Vergl.	II. Instanz	II. Instanz Vergl.
19.000	5.688,10	6.814,70	6.590,88	8.267,26
22.000	6.084,50	7.276,86	7.053,41	8.832,68
25.000	6.480,90	7.739,02	7.515,94	9.398,09
30.000	7.076,85	8.451,75	8.207,72	10.264,49
35.000	7.672,80	9.164,48	8.899,50	11.130,89
40.000	8.268,75	9.877,21	9.591,29	11.997,29
45.000	8.864,70	10.589,94	10.283,07	12.863,68

1,50	1,60	1,80	1,95	2,50	2,80	3,50	4,10	4,15
1.155,00	1.232,00	1.386,00	1.501,50	1.925,00	2.156,00	2.695,00	3.157,00	3.195,50
20,00	20,00	20,00	20,00	20,00	20,00	20,00	20,00	20,00
223,25	237,88	267,14	289,09	369,55	413,44	515,85	603,63	610,95
1.398,25	1.489,88	1.673,14	1.810,59	2.314,55	2.589,44	3.230,85	3.780,63	3.826,45
1.233,00	1.315,20	1.479,60	1.602,90	2.055,00	2.301,60	2.877,00	3.370,20	3.411,30
20,00	20,00	20,00	20,00	20,00	20,00	20,00	20,00	20,00
238,07	253,69	284,92	308,35	394,25	441,10	550,43	644,14	651,95
1.491,07	1.588,89	1.784,52	1.931,25	2.469,25	2.762,70	3.447,43	4.034,34	4.083,25
1.311,00	1.398,40	1.573,20	1.704,30	2.185,00	2.447,20	3.059,00	3.583,40	3.627,10
20,00	20,00	20,00	20,00	20,00	20,00	20,00	20,00	20,00
252,89	269,50	302,71	327,62	418,95	468,77	585,01	684,65	692,95
1.583,89	1.687,90	1.895,91	2.051,92	2.623,95	2.935,97	3.664,01	4.288,05	4.340,05
1.432,50	1.528,00	1.719,00	1.862,25	2.387,50	2.674,00	3.342,50	3.915,50	3.963,25
20,00	20,00	20,00	20,00	20,00	20,00	20,00	20,00	20,00
275,98	294,12	330,41	357,63	457,43	511,86	638,88	747,75	756,82
1.728,48	1.842,12	2.069,41	2.239,88	2.864,93	3.205,86	4.001,38	4.683,25	4.740,07
1.554,00	1.657,60	1.864,80	2.020,20	2.590,00	2.900,80	3.626,00	4.247,60	4.299,40
20,00	20,00	20,00	20,00	20,00	20,00	20,00	20,00	20,00
299,06	318,74	358,11	387,64	495,90	554,95	692,74	810,84	820,69
1.873,06	1.996,34	2.242,91	2.427,84	3.105,90	3.475,75	4.338,74	5.078,44	5.140,09
1.675,50	1.787,20	2.010,60	2.178,15	2.792,50	3.127,60	3.909,50	4.579,70	4.635,55
20,00	20,00	20,00	20,00	20,00	20,00	20,00	20,00	20,00
322,15	343,37	385,81	417,65	534,38	598,04	746,61	873,94	884,55
2.017,65	2.150,57	2.416,41	2.615,80	3.346,88	3.745,64	4.676,11	5.473,64	5.540,10
1.797,00	1.916,80	2.156,40	2.336,10	2.995,00	3.354,40	4.193,00	4.911,80	4.971,70
20,00	20,00	20,00	20,00	20,00	20,00	20,00	20,00	20,00
345,23	367,99	413,52	447,66	572,85	641,14	800,47	937,04	948,42
2.162,23	2.304,79	2.589,92	2.803,76	3.587,85	4.015,54	5.013,47	5.868,84	5.940,12

III. Instanz	**III. Instanz** BGH-RAe	**III. Instanz** BGH-RAe, Vergl.	**Mahnverfahren**
7.493,66	8.776,48	10.452,86	1.574,75
8.022,32	9.391,77	11.171,04	1.682,07
8.550,97	10.007,06	11.889,21	1.789,39
9.338,59	10.929,62	12.986,39	1.952,98
10.126,21	11.852,18	14.083,57	2.116,56
10.913,83	12.774,75	15.180,75	2.280,15
11.701,44	13.697,31	16.277,92	2.443,73

Wert bis … €		0,30	0,50	0,65	0,75	0,80	1,00	1,10	1,20	1,30
50.000	**AG**	383,70	639,50	831,35	959,25	1.023,20	**1.279,00**	1.406,90	1.534,80	1.662,70
	Pauschale	20,00	20,00	20,00	20,00	20,00	20,00	20,00	20,00	20,00
	USt. 19 %	76,70	125,31	161,76	186,06	198,21	246,81	271,11	295,41	319,71
	Summe	480,40	784,81	1.013,11	1.165,31	1.241,41	1.545,81	1.698,01	1.850,21	2.002,41
65.000		411,90	686,50	892,45	1.029,75	1.098,40	**1.373,00**	1.510,30	1.647,60	1.784,90
		20,00	20,00	20,00	20,00	20,00	20,00	20,00	20,00	20,00
		82,06	134,24	173,37	199,45	212,50	264,67	290,76	316,84	342,93
		513,96	840,74	1.085,82	1.249,20	1.330,90	1.657,67	1.821,06	1.984,44	2.147,83
80.000		440,10	733,50	953,55	1.100,25	1.173,60	**1.467,00**	1.613,70	1.760,40	1.907,10
		20,00	20,00	20,00	20,00	20,00	20,00	20,00	20,00	20,00
		87,42	143,17	184,97	212,85	226,78	282,53	310,40	338,28	366,15
		547,52	896,67	1.158,52	1.333,10	1.420,38	1.769,53	1.944,10	2.118,68	2.293,25
95.000		468,30	780,50	1.014,65	1.170,75	1.248,80	**1.561,00**	1.717,10	1.873,20	2.029,30
		20,00	20,00	20,00	20,00	20,00	20,00	20,00	20,00	20,00
		92,78	152,10	196,58	226,24	241,07	300,39	330,05	359,71	389,37
		581,08	952,60	1.231,23	1.416,99	1.509,87	1.881,39	2.067,15	2.252,91	2.438,67
110.000		496,50	827,50	1.075,75	1.241,25	1.324,00	**1.655,00**	1.820,50	1.986,00	2.151,50
		20,00	20,00	20,00	20,00	20,00	20,00	20,00	20,00	20,00
		98,14	161,03	208,19	239,64	255,36	318,25	349,70	381,14	412,59
		614,64	1.008,53	1.303,94	1.500,89	1.599,36	1.993,25	2.190,20	2.387,14	2.584,09
125.000		524,70	874,50	1.136,85	1.311,75	1.399,20	**1.749,00**	1.923,90	2.098,80	2.273,70
		20,00	20,00	20,00	20,00	20,00	20,00	20,00	20,00	20,00
		103,49	169,96	219,80	253,03	269,65	336,11	369,34	402,57	435,80
		648,19	1.064,46	1.376,65	1.584,78	1.688,85	2.105,11	2.313,24	2.521,37	2.729,50
140.000		552,90	921,50	1.197,95	1.382,25	1.474,40	**1.843,00**	2.027,30	2.211,60	2.395,90
		20,00	20,00	20,00	20,00	20,00	20,00	20,00	20,00	20,00
		108,85	178,89	231,41	266,43	283,94	353,97	388,99	424,00	459,02
		681,75	1.120,39	1.449,36	1.668,68	1.778,34	2.216,97	2.436,29	2.655,60	2.874,92

Kostenrisiko

Wert bis	I. Instanz	I. Instanz Vergl.	II. Instanz	II. Instanz Vergl.
50.000	9.460,65	11.302,67	10.974,86	13.730,08
65.000	10.415,95	12.217,69	12.129,27	14.911,33
80.000	11.371,25	13.132,71	13.283,69	16.092,59
95.000	12.326,55	14.047,73	14.438,10	17.273,84
110.000	13.281,85	14.962,75	15.592,52	18.455,09
125.000	14.237,15	15.877,77	16.746,94	19.636,34
140.000	15.192,45	16.792,79	17.901,35	20.817,59

1,50	1,60	1,80	1,95	2,50	2,80	3,50	4,10	4,15
1.918,50	2.046,40	2.302,20	2.494,05	3.197,50	3.581,20	4.476,50	5.243,90	5.307,85
20,00	20,00	20,00	20,00	20,00	20,00	20,00	20,00	20,00
368,32	392,62	441,22	477,67	611,33	684,23	854,34	1.000,14	1.012,29
2.306,82	2.459,02	2.763,42	2.991,72	3.828,83	4.285,43	5.350,84	6.264,04	6.340,14
2.059,50	2.196,80	2.471,40	2.677,35	3.432,50	3.844,40	4.805,50	5.629,30	5.697,95
20,00	20,00	20,00	20,00	20,00	20,00	20,00	20,00	20,00
395,11	421,19	473,37	512,50	655,98	734,24	916,85	1.073,37	1.086,41
2.474,61	2.637,99	2.964,77	3.209,85	4.108,48	4.598,64	5.742,35	6.722,67	6.804,36
2.200,50	2.347,20	2.640,60	2.860,65	3.667,50	4.107,60	5.134,50	6.014,70	6.088,05
20,00	20,00	20,00	20,00	20,00	20,00	20,00	20,00	20,00
421,90	449,77	505,51	547,32	700,63	784,24	979,36	1.146,59	1.160,53
2.642,40	2.816,97	3.166,11	3.427,97	4.388,13	4.911,84	6.133,86	7.181,29	7.268,58
2.341,50	2.497,60	2.809,80	3.043,95	3.902,50	4.370,80	5.463,50	6.400,10	6.478,15
20,00	20,00	20,00	20,00	20,00	20,00	20,00	20,00	20,00
448,69	478,34	537,66	582,15	745,28	834,25	1.041,87	1.219,82	1.234,65
2.810,19	2.995,94	3.367,46	3.646,10	4.667,78	5.225,05	6.525,37	7.639,92	7.732,80
2.482,50	2.648,00	2.979,00	3.227,25	4.137,50	4.634,00	5.792,50	6.785,50	6.868,25
20,00	20,00	20,00	20,00	20,00	20,00	20,00	20,00	20,00
475,48	506,92	569,81	616,98	789,93	884,26	1.104,38	1.293,05	1.308,77
2.977,98	3.174,92	3.568,81	3.864,23	4.947,43	5.538,26	6.916,88	8.098,55	8.197,02
2.623,50	2.798,40	3.148,20	3.410,55	4.372,50	4.897,20	6.121,50	7.170,90	7.258,35
20,00	20,00	20,00	20,00	20,00	20,00	20,00	20,00	20,00
502,27	535,50	601,96	651,80	834,58	934,27	1.166,89	1.366,27	1.382,89
3.145,77	3.353,90	3.770,16	4.082,35	5.227,08	5.851,47	7.308,39	8.557,17	8.661,24
2.764,50	2.948,80	3.317,40	3.593,85	4.607,50	5.160,40	6.450,50	7.556,30	7.648,45
20,00	20,00	20,00	20,00	20,00	20,00	20,00	20,00	20,00
529,06	564,07	634,11	686,63	879,23	984,28	1.229,40	1.439,50	1.457,01
3.313,56	3.532,87	3.971,51	4.300,48	5.506,73	6.164,68	7.699,90	9.015,80	9.125,46

III. Instanz	**III. Instanz** BGH-RAe	**III. Instanz** BGH-RAe, Vergl.	**Mahnverfahren**
12.489,06	14.619,88	17.375,10	2.607,32
13.842,59	16.130,01	18.912,07	2.841,11
15.196,13	17.640,15	20.449,05	3.074,90
16.549,66	19.150,28	21.986,02	3.308,69
17.903,19	20.660,42	23.522,99	3.542,48
19.256,72	22.170,56	25.059,96	3.776,27
20.610,25	23.680,69	26.596,93	4.010,06

Anwaltsgebühren nach § 13 RVG (2021)

Wert bis … €		0,30	0,50	0,65	0,75	0,80	1,00	1,10	1,20	1,30
155.000	**AG**	581,10	968,50	1.259,05	1.452,75	1.549,60	**1.937,00**	2.130,70	2.324,40	2.518,10
	Pauschale	20,00	20,00	20,00	20,00	20,00	20,00	20,00	20,00	20,00
	USt. 19 %	114,21	187,82	243,02	279,82	298,22	371,83	408,63	445,44	482,24
	Summe	715,31	1.176,32	1.522,07	1.752,57	1.867,82	2.328,83	2.559,33	2.789,84	3.020,34
170.000		609,30	1.015,50	1.320,15	1.523,25	1.624,80	**2.031,00**	2.234,10	2.437,20	2.640,30
		20,00	20,00	20,00	20,00	20,00	20,00	20,00	20,00	20,00
		119,57	196,75	254,63	293,22	312,51	389,69	428,28	466,87	505,46
		748,87	1.232,25	1.594,78	1.836,47	1.957,31	2.440,69	2.682,38	2.924,07	3.165,76
185.000		637,50	1.062,50	1.381,25	1.593,75	1.700,00	**2.125,00**	2.337,50	2.550,00	2.762,50
		20,00	20,00	20,00	20,00	20,00	20,00	20,00	20,00	20,00
		124,93	205,68	266,24	306,61	326,80	407,55	447,93	488,30	528,68
		782,43	1.288,18	1.667,49	1.920,36	2.046,80	2.552,55	2.805,43	3.058,30	3.311,18
200.000		665,70	1.109,50	1.442,35	1.664,25	1.775,20	**2.219,00**	2.440,90	2.662,80	2.884,70
		20,00	20,00	20,00	20,00	20,00	20,00	20,00	20,00	20,00
		130,28	214,61	277,85	320,01	341,09	425,41	467,57	509,73	551,89
		815,98	1.344,11	1.740,20	2.004,26	2.136,29	2.664,41	2.928,47	3.192,53	3.456,59
230.000		705,30	1.175,50	1.528,15	1.763,25	1.880,80	**2.351,00**	2.586,10	2.821,20	3.056,30
		20,00	20,00	20,00	20,00	20,00	20,00	20,00	20,00	20,00
		137,81	227,15	294,15	338,82	361,15	450,49	495,16	539,83	584,50
		863,11	1.422,65	1.842,30	2.122,07	2.261,95	2.821,49	3.101,26	3.381,03	3.660,80
260.000		744,90	1.241,50	1.613,95	1.862,25	1.986,40	**2.483,00**	2.731,30	2.979,60	3.227,90
		20,00	20,00	20,00	20,00	20,00	20,00	20,00	20,00	20,00
		145,33	239,69	310,45	357,63	381,22	475,57	522,75	569,92	617,10
		910,23	1.501,19	1.944,40	2.239,88	2.387,62	2.978,57	3.274,05	3.569,52	3.865,00
290.000		784,50	1.307,50	1.699,75	1.961,25	2.092,00	**2.615,00**	2.876,50	3.138,00	3.399,50
		20,00	20,00	20,00	20,00	20,00	20,00	20,00	20,00	20,00
		152,86	252,23	326,75	376,44	401,28	500,65	550,34	600,02	649,71
		957,36	1.579,73	2.046,50	2.357,69	2.513,28	3.135,65	3.446,84	3.758,02	4.069,21

Kostenrisiko

Wert bis	I. Instanz	I. Instanz Vergl.	II. Instanz	II. Instanz Vergl.
155.000	16.147,75	17.707,81	19.055,77	21.998,85
170.000	17.103,05	18.622,83	20.210,18	23.180,10
185.000	18.058,35	19.537,85	21.364,60	24.361,35
200.000	19.013,65	20.452,87	22.519,02	25.542,60
230.000	20.393,05	21.750,43	24.190,66	27.226,66
260.000	21.772,45	23.047,99	25.862,31	28.910,71
290.000	23.151,85	24.345,55	27.533,96	30.594,77

1,50	1,60	1,80	1,95	2,50	2,80	3,50	4,10	4,15
2.905,50	3.099,20	3.486,60	3.777,15	4.842,50	5.423,60	6.779,50	7.941,70	8.038,55
20,00	20,00	20,00	20,00	20,00	20,00	20,00	20,00	20,00
555,85	592,65	666,25	721,46	923,88	1.034,28	1.291,91	1.512,72	1.531,12
3.481,35	3.711,85	4.172,85	4.518,61	5.786,38	6.477,88	8.091,41	9.474,42	9.589,67
3.046,50	3.249,60	3.655,80	3.960,45	5.077,50	5.686,80	7.108,50	8.327,10	8.428,65
20,00	20,00	20,00	20,00	20,00	20,00	20,00	20,00	20,00
582,64	621,22	698,40	756,29	968,53	1.084,29	1.354,42	1.585,95	1.605,24
3.649,14	3.890,82	4.374,20	4.736,74	6.066,03	6.791,09	8.482,92	9.933,05	10.053,89
3.187,50	3.400,00	3.825,00	4.143,75	5.312,50	5.950,00	7.437,50	8.712,50	8.818,75
20,00	20,00	20,00	20,00	20,00	20,00	20,00	20,00	20,00
609,43	649,80	730,55	791,11	1.013,18	1.134,30	1.416,93	1.659,18	1.679,36
3.816,93	4.069,80	4.575,55	4.954,86	6.345,68	7.104,30	8.874,43	10.391,68	10.518,11
3.328,50	3.550,40	3.994,20	4.327,05	5.547,50	6.213,20	7.766,50	9.097,90	9.208,85
20,00	20,00	20,00	20,00	20,00	20,00	20,00	20,00	20,00
636,22	678,38	762,70	825,94	1.057,83	1.184,31	1.479,44	1.732,40	1.753,48
3.984,72	4.248,78	4.776,90	5.172,99	6.625,33	7.417,51	9.265,94	10.850,30	10.982,33
3.526,50	3.761,60	4.231,80	4.584,45	5.877,50	6.582,80	8.228,50	9.639,10	9.756,65
20,00	20,00	20,00	20,00	20,00	20,00	20,00	20,00	20,00
673,84	718,50	807,84	874,85	1.120,53	1.254,53	1.567,22	1.835,23	1.857,56
4.220,34	4.500,10	5.059,64	5.479,30	7.018,03	7.857,33	9.815,72	11.494,33	11.634,21
3.724,50	3.972,80	4.469,40	4.841,85	6.207,50	6.952,40	8.690,50	10.180,30	10.304,45
20,00	20,00	20,00	20,00	20,00	20,00	20,00	20,00	20,00
711,46	758,63	852,99	923,75	1.183,23	1.324,76	1.655,00	1.938,06	1.961,65
4.455,96	4.751,43	5.342,39	5.785,60	7.410,73	8.297,16	10.365,50	12.138,36	12.286,10
3.922,50	4.184,00	4.707,00	5.099,25	6.537,50	7.322,00	9.152,50	10.721,50	10.852,25
20,00	20,00	20,00	20,00	20,00	20,00	20,00	20,00	20,00
749,08	798,76	898,13	972,66	1.245,93	1.394,98	1.742,78	2.040,89	2.065,73
4.691,58	5.002,76	5.625,13	6.091,91	7.803,43	8.736,98	10.915,28	12.782,39	12.937,98

III. Instanz	III. Instanz BGH-RAe	III. Instanz BGH-RAe, Vergl.	Mahnverfahren
21.963,79	25.190,83	28.133,91	4.243,85
23.317,32	26.700,96	29.670,88	4.477,64
24.670,85	28.211,10	31.207,85	4.711,43
26.024,38	29.721,24	32.744,82	4.945,22
27.988,28	31.905,04	34.941,04	5.279,84
29.952,17	34.088,85	37.137,25	5.614,46
31.916,07	36.272,66	39.333,47	5.949,08

Wert bis … €	0,30	0,50	0,65	0,75	0,80	1,00	1,10	1,20	1,30
320.000 AG	824,10	1.373,50	1.785,55	2.060,25	2.197,60	**2.747,00**	3.021,70	3.296,40	3.571,10
Pauschale	20,00	20,00	20,00	20,00	20,00	20,00	20,00	20,00	20,00
USt. 19 %	160,38	264,77	343,05	395,25	421,34	525,73	577,92	630,12	682,31
Summe	1.004,48	1.658,27	2.148,60	2.475,50	2.638,94	3.292,73	3.619,62	3.946,52	4.273,41
350.000	863,70	1.439,50	1.871,35	2.159,25	2.303,20	**2.879,00**	3.166,90	3.454,80	3.742,70
	20,00	20,00	20,00	20,00	20,00	20,00	20,00	20,00	20,00
	167,90	277,31	359,36	414,06	441,41	550,81	605,51	660,21	714,91
	1.051,60	1.736,81	2.250,71	2.593,31	2.764,61	3.449,81	3.792,41	4.135,01	4.477,61
380.000	903,30	1.505,50	1.957,15	2.258,25	2.408,80	**3.011,00**	3.312,10	3.613,20	3.914,30
	20,00	20,00	20,00	20,00	20,00	20,00	20,00	20,00	20,00
	175,43	289,85	375,66	432,87	461,47	575,89	633,10	690,31	747,52
	1.098,73	1.815,35	2.352,81	2.711,12	2.890,27	3.606,89	3.965,20	4.323,51	4.681,82
410.000	942,90	1.571,50	2.042,95	2.357,25	2.514,40	**3.143,00**	3.457,30	3.771,60	4.085,90
	20,00	20,00	20,00	20,00	20,00	20,00	20,00	20,00	20,00
	182,95	302,39	391,96	451,68	481,54	600,97	660,69	720,40	780,12
	1.145,85	1.893,89	2.454,91	2.828,93	3.015,94	3.763,97	4.137,99	4.512,00	4.886,02
440.000	982,50	1.637,50	2.128,75	2.456,25	2.620,00	**3.275,00**	3.602,50	3.930,00	4.257,50
	20,00	20,00	20,00	20,00	20,00	20,00	20,00	20,00	20,00
	190,48	314,93	408,26	470,49	501,60	626,05	688,28	750,50	812,73
	1.192,98	1.972,43	2.557,01	2.946,74	3.141,60	3.921,05	4.310,78	4.700,50	5.090,23
470.000	1.022,10	1.703,50	2.214,55	2.555,25	2.725,60	**3.407,00**	3.747,70	4.088,40	4.429,10
	20,00	20,00	20,00	20,00	20,00	20,00	20,00	20,00	20,00
	198,00	327,47	424,56	489,30	521,66	651,13	715,86	780,60	845,33
	1.240,10	2.050,97	2.659,11	3.064,55	3.267,26	4.078,13	4.483,56	4.889,00	5.294,43
500.000	1.061,70	1.769,50	2.300,35	2.654,25	2.831,20	**3.539,00**	3.892,90	4.246,80	4.600,70
	20,00	20,00	20,00	20,00	20,00	20,00	20,00	20,00	20,00
	205,52	340,01	440,87	508,11	541,73	676,21	743,45	810,69	877,93
	1.287,22	2.129,51	2.761,22	3.182,36	3.392,93	4.235,21	4.656,35	5.077,49	5.498,63

Kostenrisiko

Wert bis	I. Instanz	I. Instanz Vergl.	II. Instanz	II. Instanz Vergl.
320.000	24.531,25	25.643,11	29.205,61	32.278,83
350.000	25.910,65	26.940,67	30.877,26	33.962,88
380.000	27.290,05	28.238,23	32.548,90	35.646,94
410.000	28.669,45	29.535,79	34.220,55	37.330,99
440.000	30.048,85	30.833,35	35.892,20	39.015,05
470.000	31.428,25	32.130,91	37.563,85	40.699,11
500.000	32.807,65	33.428,47	39.235,50	42.383,16

1,50	1,60	1,80	1,95	2,50	2,80	3,50	4,10	4,15
4.120,50	4.395,20	4.944,60	5.356,65	6.867,50	7.691,60	9.614,50	11.262,70	11.400,05
20,00	20,00	20,00	20,00	20,00	20,00	20,00	20,00	20,00
786,70	838,89	943,27	1.021,56	1.308,63	1.465,20	1.830,56	2.143,71	2.169,81
4.927,20	5.254,09	5.907,87	6.398,21	8.196,13	9.176,80	11.465,06	13.426,41	13.589,86
4.318,50	4.606,40	5.182,20	5.614,05	7.197,50	8.061,20	10.076,50	11.803,90	11.947,85
20,00	20,00	20,00	20,00	20,00	20,00	20,00	20,00	20,00
824,32	879,02	988,42	1.070,47	1.371,33	1.535,43	1.918,34	2.246,54	2.273,89
5.162,82	5.505,42	6.190,62	6.704,52	8.588,83	9.616,63	12.014,84	14.070,44	14.241,74
4.516,50	4.817,60	5.419,80	5.871,45	7.527,50	8.430,80	10.538,50	12.345,10	12.495,65
20,00	20,00	20,00	20,00	20,00	20,00	20,00	20,00	20,00
861,94	919,14	1.033,56	1.119,38	1.434,03	1.605,65	2.006,12	2.349,37	2.377,97
5.398,44	5.756,74	6.473,36	7.010,83	8.981,53	10.056,45	12.564,62	14.714,47	14.893,62
4.714,50	5.028,80	5.657,40	6.128,85	7.857,50	8.800,40	11.000,50	12.886,30	13.043,45
20,00	20,00	20,00	20,00	20,00	20,00	20,00	20,00	20,00
899,56	959,27	1.078,71	1.168,28	1.496,73	1.675,88	2.093,90	2.452,20	2.482,06
5.634,06	6.008,07	6.756,11	7.317,13	9.374,23	10.496,28	13.114,40	15.358,50	15.545,51
4.912,50	5.240,00	5.895,00	6.386,25	8.187,50	9.170,00	11.462,50	13.427,50	13.591,25
20,00	20,00	20,00	20,00	20,00	20,00	20,00	20,00	20,00
937,18	999,40	1.123,85	1.217,19	1.559,43	1.746,10	2.181,68	2.555,03	2.586,14
5.869,68	6.259,40	7.038,85	7.623,44	9.766,93	10.936,10	13.664,18	16.002,53	16.197,39
5.110,50	5.451,20	6.132,60	6.643,65	8.517,50	9.539,60	11.924,50	13.968,70	14.139,05
20,00	20,00	20,00	20,00	20,00	20,00	20,00	20,00	20,00
974,80	1.039,53	1.168,99	1.266,09	1.622,13	1.816,32	2.269,46	2.657,85	2.690,22
6.105,30	6.510,73	7.321,59	7.929,74	10.159,63	11.375,92	14.213,96	16.646,55	16.849,27
5.308,50	5.662,40	6.370,20	6.901,05	8.847,50	9.909,20	12.386,50	14.509,90	14.686,85
20,00	20,00	20,00	20,00	20,00	20,00	20,00	20,00	20,00
1.012,42	1.079,66	1.214,14	1.315,00	1.684,83	1.886,55	2.357,24	2.760,68	2.794,30
6.340,92	6.762,06	7.604,34	8.236,05	10.552,33	11.815,75	14.763,74	17.290,58	17.501,15

III. Instanz	**III. Instanz** BGH-RAe	**III. Instanz** BGH-RAe, Vergl.	**Mahnverfahren**
33.879,97	38.456,47	41.529,69	6.283,70
35.843,86	40.640,28	43.725,90	6.618,32
37.807,76	42.824,08	45.922,12	6.952,94
39.771,65	45.007,89	48.118,33	7.287,56
41.735,55	47.191,70	50.314,55	7.622,18
43.699,45	49.375,51	52.510,77	7.956,80
45.663,34	51.559,32	54.706,98	8.291,42

Anwaltsgebühren nach § 13 RVG (2021)

Wert bis … €	0,30	0,50	0,65	0,75	0,80	1,00	1,10	1,20	1,30
550.000 AG	1.111,20	1.852,00	2.407,60	2.778,00	2.963,20	**3.704,00**	4.074,40	4.444,80	4.815,20
Pauschale	20,00	20,00	20,00	20,00	20,00	20,00	20,00	20,00	20,00
USt. 19 %	214,93	355,68	461,24	531,62	566,81	707,56	777,94	848,31	918,69
Summe	1.346,13	2.227,68	2.888,84	3.329,62	3.550,01	4.431,56	4.872,34	5.313,11	5.753,89
600.000	1.160,70	1.934,50	2.514,85	2.901,75	3.095,20	**3.869,00**	4.255,90	4.642,80	5.029,70
	20,00	20,00	20,00	20,00	20,00	20,00	20,00	20,00	20,00
	224,33	371,36	481,62	555,13	591,89	738,91	812,42	885,93	959,44
	1.405,03	2.325,86	3.016,47	3.476,88	3.707,09	4.627,91	5.088,32	5.548,73	6.009,14
650.000	1.210,20	2.017,00	2.622,10	3.025,50	3.227,20	**4.034,00**	4.437,40	4.840,80	5.244,20
	20,00	20,00	20,00	20,00	20,00	20,00	20,00	20,00	20,00
	233,74	387,03	502,00	578,65	616,97	770,26	846,91	923,55	1.000,20
	1.463,94	2.424,03	3.144,10	3.624,15	3.864,17	4.824,26	5.304,31	5.784,35	6.264,40
700.000	1.259,70	2.099,50	2.729,35	3.149,25	3.359,20	**4.199,00**	4.618,90	5.038,80	5.458,70
	20,00	20,00	20,00	20,00	20,00	20,00	20,00	20,00	20,00
	243,14	402,71	522,38	602,16	642,05	801,61	881,39	961,17	1.040,95
	1.522,84	2.522,21	3.271,73	3.771,41	4.021,25	5.020,61	5.520,29	6.019,97	6.519,65
750.000	1.309,20	2.182,00	2.836,60	3.273,00	3.491,20	**4.364,00**	4.800,40	5.236,80	5.673,20
	20,00	20,00	20,00	20,00	20,00	20,00	20,00	20,00	20,00
	252,55	418,38	542,75	625,67	667,13	832,96	915,88	998,79	1.081,71
	1.581,75	2.620,38	3.399,35	3.918,67	4.178,33	5.216,96	5.736,28	6.255,59	6.774,91
800.000	1.358,70	2.264,50	2.943,85	3.396,75	3.623,20	**4.529,00**	4.981,90	5.434,80	5.887,70
	20,00	20,00	20,00	20,00	20,00	20,00	20,00	20,00	20,00
	261,95	434,06	563,13	649,18	692,21	864,31	950,36	1.036,41	1.122,46
	1.640,65	2.718,56	3.526,98	4.065,93	4.335,41	5.413,31	5.952,26	6.491,21	7.030,16
850.000	1.408,20	2.347,00	3.051,10	3.520,50	3.755,20	**4.694,00**	5.163,40	5.632,80	6.102,20
	20,00	20,00	20,00	20,00	20,00	20,00	20,00	20,00	20,00
	271,36	449,73	583,51	672,70	717,29	895,66	984,85	1.074,03	1.163,22
	1.699,56	2.816,73	3.654,61	4.213,20	4.492,49	5.609,66	6.168,25	6.726,83	7.285,42

Kostenrisiko

Wert bis	I. Instanz	I. Instanz Vergl.	II. Instanz	II. Instanz Vergl.
550.000	34.383,40	35.000,92	41.127,06	44.389,23
600.000	35.959,15	36.573,37	43.018,62	46.395,30
650.000	37.534,90	38.145,82	44.910,18	48.401,37
700.000	39.110,65	39.718,27	46.801,74	50.407,44
750.000	40.686,40	41.290,72	48.693,30	52.413,51
800.000	42.262,15	42.863,17	50.584,86	54.419,58
850.000	43.837,90	44.435,62	52.476,42	56.425,65

1,50	1,60	1,80	1,95	2,50	2,80	3,50	4,10	4,15
5.556,00	5.926,40	6.667,20	7.222,80	9.260,00	10.371,20	12.964,00	15.186,40	15.371,60
20,00	20,00	20,00	20,00	20,00	20,00	20,00	20,00	20,00
1.059,44	1.129,82	1.270,57	1.376,13	1.763,20	1.974,33	2.466,96	2.889,22	2.924,40
6.635,44	7.076,22	7.957,77	8.618,93	11.043,20	12.365,53	15.450,96	18.095,62	18.316,00
5.803,50	6.190,40	6.964,20	7.544,55	9.672,50	10.833,20	13.541,50	15.862,90	16.056,35
20,00	20,00	20,00	20,00	20,00	20,00	20,00	20,00	20,00
1.106,47	1.179,98	1.327,00	1.437,26	1.841,58	2.062,11	2.576,69	3.017,75	3.054,51
6.929,97	7.390,38	8.311,20	9.001,81	11.534,08	12.915,31	16.138,19	18.900,65	19.130,86
6.051,00	6.454,40	7.261,20	7.866,30	10.085,00	11.295,20	14.119,00	16.539,40	16.741,10
20,00	20,00	20,00	20,00	20,00	20,00	20,00	20,00	20,00
1.153,49	1.230,14	1.383,43	1.498,40	1.919,95	2.149,89	2.686,41	3.146,29	3.184,61
7.224,49	7.704,54	8.664,63	9.384,70	12.024,95	13.465,09	16.825,41	19.705,69	19.945,71
6.298,50	6.718,40	7.558,20	8.188,05	10.497,50	11.757,20	14.696,50	17.215,90	17.425,85
20,00	20,00	20,00	20,00	20,00	20,00	20,00	20,00	20,00
1.200,52	1.280,30	1.439,86	1.559,53	1.998,33	2.237,67	2.796,14	3.274,82	3.314,71
7.519,02	8.018,70	9.018,06	9.767,58	12.515,83	14.014,87	17.512,64	20.510,72	20.760,56
6.546,00	6.982,40	7.855,20	8.509,80	10.910,00	12.219,20	15.274,00	17.892,40	18.110,60
20,00	20,00	20,00	20,00	20,00	20,00	20,00	20,00	20,00
1.247,54	1.330,46	1.496,29	1.620,66	2.076,70	2.325,45	2.905,86	3.403,36	3.444,81
7.813,54	8.332,86	9.371,49	10.150,46	13.006,70	14.564,65	18.199,86	21.315,76	21.575,41
6.793,50	7.246,40	8.152,20	8.831,55	11.322,50	12.681,20	15.851,50	18.568,90	18.795,35
20,00	20,00	20,00	20,00	20,00	20,00	20,00	20,00	20,00
1.294,57	1.380,62	1.552,72	1.681,79	2.155,08	2.413,23	3.015,59	3.531,89	3.574,92
8.108,07	8.647,02	9.724,92	10.533,34	13.497,58	15.114,43	18.887,09	22.120,79	22.390,27
7.041,00	7.510,40	8.449,20	9.153,30	11.735,00	13.143,20	16.429,00	19.245,40	19.480,10
20,00	20,00	20,00	20,00	20,00	20,00	20,00	20,00	20,00
1.341,59	1.430,78	1.609,15	1.742,93	2.233,45	2.501,01	3.125,31	3.660,43	3.705,02
8.402,59	8.961,18	10.078,35	10.916,23	13.988,45	15.664,21	19.574,31	22.925,83	23.205,12

III. Instanz	**III. Instanz** BGH-RAe	**III. Instanz** BGH-RAe, Vergl.	**Mahnverfahren**
47.870,71	54.041,58	57.303,75	8.684,94
50.078,08	56.523,84	59.900,52	9.078,47
52.285,45	59.006,10	62.497,29	9.471,99
54.492,82	61.488,36	65.094,06	9.865,52
56.700,19	63.970,62	67.690,83	10.259,04
58.907,56	66.452,88	70.287,60	10.652,57
61.114,93	68.935,14	72.884,37	11.046,09

Anwaltsgebühren nach § 13 RVG (2021)

Wert bis … €	0,30	0,50	0,65	0,75	0,80	1,00	1,10	1,20	1,30
900.000 AG	1.457,70	2.429,50	3.158,35	3.644,25	3.887,20	**4.859,00**	5.344,90	5.830,80	6.316,70
Pauschale	20,00	20,00	20,00	20,00	20,00	20,00	20,00	20,00	20,00
USt. 19 %	280,76	465,41	603,89	696,21	742,37	927,01	1.019,33	1.111,65	1.203,97
Summe	1.758,46	2.914,91	3.782,24	4.360,46	4.649,57	5.806,01	6.384,23	6.962,45	7.540,67
950.000	1.507,20	2.512,00	3.265,60	3.768,00	4.019,20	**5.024,00**	5.526,40	6.028,80	6.531,20
	20,00	20,00	20,00	20,00	20,00	20,00	20,00	20,00	20,00
	290,17	481,08	624,26	719,72	767,45	958,36	1.053,82	1.149,27	1.244,73
	1.817,37	3.013,08	3.909,86	4.507,72	4.806,65	6.002,36	6.600,22	7.198,07	7.795,93
1.000.000	1.556,70	2.594,50	3.372,85	3.891,75	4.151,20	**5.189,00**	5.707,90	6.226,80	6.745,70
	20,00	20,00	20,00	20,00	20,00	20,00	20,00	20,00	20,00
	299,57	496,76	644,64	743,23	792,53	989,71	1.088,30	1.186,89	1.285,48
	1.876,27	3.111,26	4.037,49	4.654,98	4.963,73	6.198,71	6.816,20	7.433,69	8.051,18
1.050.000	1.606,20	2.677,00	3.480,10	4.015,50	4.283,20	**5.354,00**	5.889,40	6.424,80	6.960,20
	20,00	20,00	20,00	20,00	20,00	20,00	20,00	20,00	20,00
	308,98	512,43	665,02	766,75	817,61	1.021,06	1.122,79	1.224,51	1.326,24
	1.935,18	3.209,43	4.165,12	4.802,25	5.120,81	6.395,06	7.032,19	7.669,31	8.306,44
1.100.000	1.655,70	2.759,50	3.587,35	4.139,25	4.415,20	**5.519,00**	6.070,90	6.622,80	7.174,70
	20,00	20,00	20,00	20,00	20,00	20,00	20,00	20,00	20,00
	318,38	528,11	685,40	790,26	842,69	1.052,41	1.157,27	1.262,13	1.366,99
	1.994,08	3.307,61	4.292,75	4.949,51	5.277,89	6.591,41	7.248,17	7.904,93	8.561,69
1.150.000	1.705,20	2.842,00	3.694,60	4.263,00	4.547,20	**5.684,00**	6.252,40	6.820,80	7.389,20
	20,00	20,00	20,00	20,00	20,00	20,00	20,00	20,00	20,00
	327,79	543,78	705,77	813,77	867,77	1.083,76	1.191,76	1.299,75	1.407,75
	2.052,99	3.405,78	4.420,37	5.096,77	5.434,97	6.787,76	7.464,16	8.140,55	8.816,95
1.200.000	1.754,70	2.924,50	3.801,85	4.386,75	4.679,20	**5.849,00**	6.433,90	7.018,80	7.603,70
	20,00	20,00	20,00	20,00	20,00	20,00	20,00	20,00	20,00
	337,19	559,46	726,15	837,28	892,85	1.115,11	1.226,24	1.337,37	1.448,50
	2.111,89	3.503,96	4.548,00	5.244,03	5.592,05	6.984,11	7.680,14	8.376,17	9.072,20

Kostenrisiko

Wert bis	I. Instanz	I. Instanz Vergl.	II. Instanz	II. Instanz Vergl.
900.000	45.413,65	46.008,07	54.367,98	58.431,72
950.000	46.989,40	47.580,52	56.259,54	60.437,79
1.000.000	48.565,15	49.152,97	58.151,10	62.443,86
1.050.000	50.140,90	50.725,42	60.042,66	64.449,93
1.100.000	51.716,65	52.297,87	61.934,22	66.456,00
1.150.000	53.292,40	53.870,32	63.825,78	68.462,07
1.200.000	54.868,15	55.442,77	65.717,34	70.468,14

1,50	1,60	1,80	1,95	2,50	2,80	3,50	4,10	4,15
7.288,50	7.774,40	8.746,20	9.475,05	12.147,50	13.605,20	17.006,50	19.921,90	20.164,85
20,00	20,00	20,00	20,00	20,00	20,00	20,00	20,00	20,00
1.388,62	1.480,94	1.665,58	1.804,06	2.311,83	2.588,79	3.235,04	3.788,96	3.835,12
8.697,12	9.275,34	10.431,78	11.299,11	14.479,33	16.213,99	20.261,54	23.730,86	24.019,97
7.536,00	8.038,40	9.043,20	9.796,80	12.560,00	14.067,20	17.584,00	20.598,40	20.849,60
20,00	20,00	20,00	20,00	20,00	20,00	20,00	20,00	20,00
1.435,64	1.531,10	1.722,01	1.865,19	2.390,20	2.676,57	3.344,76	3.917,50	3.965,22
8.991,64	9.589,50	10.785,21	11.681,99	14.970,20	16.763,77	20.948,76	24.535,90	24.834,82
7.783,50	8.302,40	9.340,20	10.118,55	12.972,50	14.529,20	18.161,50	21.274,90	21.534,35
20,00	20,00	20,00	20,00	20,00	20,00	20,00	20,00	20,00
1.482,67	1.581,26	1.778,44	1.926,32	2.468,58	2.764,35	3.454,49	4.046,03	4.095,33
9.286,17	9.903,66	11.138,64	12.064,87	15.461,08	17.313,55	21.635,99	25.340,93	25.649,68
8.031,00	8.566,40	9.637,20	10.440,30	13.385,00	14.991,20	18.739,00	21.951,40	22.219,10
20,00	20,00	20,00	20,00	20,00	20,00	20,00	20,00	20,00
1.529,69	1.631,42	1.834,87	1.987,46	2.546,95	2.852,13	3.564,21	4.174,57	4.225,43
9.580,69	10.217,82	11.492,07	12.447,76	15.951,95	17.863,33	22.323,21	26.145,97	26.464,53
8.278,50	8.830,40	9.934,20	10.762,05	13.797,50	15.453,20	19.316,50	22.627,90	22.903,85
20,00	20,00	20,00	20,00	20,00	20,00	20,00	20,00	20,00
1.576,72	1.681,58	1.891,30	2.048,59	2.625,33	2.939,91	3.673,94	4.303,10	4.355,53
9.875,22	10.531,98	11.845,50	12.830,64	16.442,83	18.413,11	23.010,44	26.951,00	27.279,38
8.526,00	9.094,40	10.231,20	11.083,80	14.210,00	15.915,20	19.894,00	23.304,40	23.588,60
20,00	20,00	20,00	20,00	20,00	20,00	20,00	20,00	20,00
1.623,74	1.731,74	1.947,73	2.109,72	2.703,70	3.027,69	3.783,66	4.431,64	4.485,63
10.169,74	10.846,14	12.198,93	13.213,52	16.933,70	18.962,89	23.697,66	27.756,04	28.094,23
8.773,50	9.358,40	10.528,20	11.405,55	14.622,50	16.377,20	20.471,50	23.980,90	24.273,35
20,00	20,00	20,00	20,00	20,00	20,00	20,00	20,00	20,00
1.670,77	1.781,90	2.004,16	2.170,85	2.782,08	3.115,47	3.893,39	4.560,17	4.615,74
10.464,27	11.160,30	12.552,36	13.596,40	17.424,58	19.512,67	24.384,89	28.561,07	28.909,09

III. Instanz	III. Instanz BGH-RAe	III. Instanz BGH-RAe, Vergl.	Mahnverfahren
63.322,30	71.417,40	75.481,14	11.439,62
65.529,67	73.899,66	78.077,91	11.833,14
67.737,04	76.381,92	80.674,68	12.226,67
69.944,41	78.864,18	83.271,45	12.620,19
72.151,78	81.346,44	85.868,22	13.013,72
74.359,15	83.828,70	88.464,99	13.407,24
76.566,52	86.310,96	91.061,76	13.800,77

Wert bis … €	0,30	0,50	0,65	0,75	0,80	1,00	1,10	1,20	1,30
1.250.000	1.804,20	3.007,00	3.909,10	4.510,50	4.811,20	**6.014,00**	6.615,40	7.216,80	7.818,20
Pauschale	20,00	20,00	20,00	20,00	20,00	20,00	20,00	20,00	20,00
USt. 19 %	346,60	575,13	746,53	860,80	917,93	1.146,46	1.260,73	1.374,99	1.489,26
Summe	2.170,80	3.602,13	4.675,63	5.391,30	5.749,13	7.180,46	7.896,13	8.611,79	9.327,46
1.300.000	1.853,70	3.089,50	4.016,35	4.634,25	4.943,20	**6.179,00**	6.796,90	7.414,80	8.032,70
	20,00	20,00	20,00	20,00	20,00	20,00	20,00	20,00	20,00
	356,00	590,81	766,91	884,31	943,01	1.177,81	1.295,21	1.412,61	1.530,01
	2.229,70	3.700,31	4.803,26	5.538,56	5.906,21	7.376,81	8.112,11	8.847,41	9.582,71
1.350.000	1.903,20	3.172,00	4.123,60	4.758,00	5.075,20	**6.344,00**	6.978,40	7.612,80	8.247,20
	20,00	20,00	20,00	20,00	20,00	20,00	20,00	20,00	20,00
	365,41	606,48	787,28	907,82	968,09	1.209,16	1.329,70	1.450,23	1.570,77
	2.288,61	3.798,48	4.930,88	5.685,82	6.063,29	7.573,16	8.328,10	9.083,03	9.837,97
1.400.000	1.952,70	3.254,50	4.230,85	4.881,75	5.207,20	**6.509,00**	7.159,90	7.810,80	8.461,70
	20,00	20,00	20,00	20,00	20,00	20,00	20,00	20,00	20,00
	374,81	622,16	807,66	931,33	993,17	1.240,51	1.364,18	1.487,85	1.611,52
	2.347,51	3.896,66	5.058,51	5.833,08	6.220,37	7.769,51	8.544,08	9.318,65	10.093,22
1.450.000	2.002,20	3.337,00	4.338,10	5.005,50	5.339,20	**6.674,00**	7.341,40	8.008,80	8.676,20
	20,00	20,00	20,00	20,00	20,00	20,00	20,00	20,00	20,00
	384,22	637,83	828,04	954,85	1.018,25	1.271,86	1.398,67	1.525,47	1.652,28
	2.406,42	3.994,83	5.186,14	5.980,35	6.377,45	7.965,86	8.760,07	9.554,27	10.348,48
1.500.000	2.051,70	3.419,50	4.445,35	5.129,25	5.471,20	**6.839,00**	7.522,90	8.206,80	8.890,70
	20,00	20,00	20,00	20,00	20,00	20,00	20,00	20,00	20,00
	393,62	653,51	848,42	978,36	1.043,33	1.303,21	1.433,15	1.563,09	1.693,03
	2.465,32	4.093,01	5.313,77	6.127,61	6.534,53	8.162,21	8.976,05	9.789,89	10.603,73
1.550.000	2.101,20	3.502,00	4.552,60	5.253,00	5.603,20	**7.004,00**	7.704,40	8.404,80	9.105,20
	20,00	20,00	20,00	20,00	20,00	20,00	20,00	20,00	20,00
	403,03	669,18	868,79	1.001,87	1.068,41	1.334,56	1.467,64	1.600,71	1.733,79
	2.524,23	4.191,18	5.441,39	6.274,87	6.691,61	8.358,56	9.192,04	10.025,51	10.858,99

Kostenrisiko

Wert bis	I. Instanz	I. Instanz Vergl.	II. Instanz	II. Instanz Vergl.
1.250.000	56.443,90	57.015,22	67.608,90	72.474,21
1.300.000	58.019,65	58.587,67	69.500,46	74.480,28
1.350.000	59.595,40	60.160,12	71.392,02	76.486,35
1.400.000	61.171,15	61.732,57	73.283,58	78.492,42
1.450.000	62.746,90	63.305,02	75.175,14	80.498,49
1.500.000	64.322,65	64.877,47	77.066,70	82.504,56
1.550.000	65.898,40	66.449,92	78.958,26	84.510,63

1,50	1,60	1,80	1,95	2,50	2,80	3,50	4,10	4,15
9.021,00	9.622,40	10.825,20	11.727,30	15.035,00	16.839,20	21.049,00	24.657,40	24.958,10
20,00	20,00	20,00	20,00	20,00	20,00	20,00	20,00	20,00
1.717,79	1.832,06	2.060,59	2.231,99	2.860,45	3.203,25	4.003,11	4.688,71	4.745,84
10.758,79	11.474,46	12.905,79	13.979,29	17.915,45	20.062,45	25.072,11	29.366,11	29.723,94
9.268,50	9.886,40	11.122,20	12.049,05	15.447,50	17.301,20	21.626,50	25.333,90	25.642,85
20,00	20,00	20,00	20,00	20,00	20,00	20,00	20,00	20,00
1.764,82	1.882,22	2.117,02	2.293,12	2.938,83	3.291,03	4.112,84	4.817,24	4.875,94
11.053,32	11.788,62	13.259,22	14.362,17	18.406,33	20.612,23	25.759,34	30.171,14	30.538,79
9.516,00	10.150,40	11.419,20	12.370,80	15.860,00	17.763,20	22.204,00	26.010,40	26.327,60
20,00	20,00	20,00	20,00	20,00	20,00	20,00	20,00	20,00
1.811,84	1.932,38	2.173,45	2.354,25	3.017,20	3.378,81	4.222,56	4.945,78	5.006,04
11.347,84	12.102,78	13.612,65	14.745,05	18.897,20	21.162,01	26.446,56	30.976,18	31.353,64
9.763,50	10.414,40	11.716,20	12.692,55	16.272,50	18.225,20	22.781,50	26.686,90	27.012,35
20,00	20,00	20,00	20,00	20,00	20,00	20,00	20,00	20,00
1.858,87	1.982,54	2.229,88	2.415,38	3.095,58	3.466,59	4.332,29	5.074,31	5.136,15
11.642,37	12.416,94	13.966,08	15.127,93	19.388,08	21.711,79	27.133,79	31.781,21	32.168,50
10.011,00	10.678,40	12.013,20	13.014,30	16.685,00	18.687,20	23.359,00	27.363,40	27.697,10
20,00	20,00	20,00	20,00	20,00	20,00	20,00	20,00	20,00
1.905,89	2.032,70	2.286,31	2.476,52	3.173,95	3.554,37	4.442,01	5.202,85	5.266,25
11.936,89	12.731,10	14.319,51	15.510,82	19.878,95	22.261,57	27.821,01	32.586,25	32.983,35
10.258,50	10.942,40	12.310,20	13.336,05	17.097,50	19.149,20	23.936,50	28.039,90	28.381,85
20,00	20,00	20,00	20,00	20,00	20,00	20,00	20,00	20,00
1.952,92	2.082,86	2.342,74	2.537,65	3.252,33	3.642,15	4.551,74	5.331,38	5.396,35
12.231,42	13.045,26	14.672,94	15.893,70	20.369,83	22.811,35	28.508,24	33.391,28	33.798,20
10.506,00	11.206,40	12.607,20	13.657,80	17.510,00	19.611,20	24.514,00	28.716,40	29.066,60
20,00	20,00	20,00	20,00	20,00	20,00	20,00	20,00	20,00
1.999,94	2.133,02	2.399,17	2.598,78	3.330,70	3.729,93	4.661,46	5.459,92	5.526,45
12.525,94	13.359,42	15.026,37	16.276,58	20.860,70	23.361,13	29.195,46	34.196,32	34.613,05

III. Instanz	**III. Instanz** BGH-RAe	**III. Instanz** BGH-RAe, Vergl.	**Mahnverfahren**
78.773,89	88.793,22	93.658,53	14.194,29
80.981,26	91.275,48	96.255,30	14.587,82
83.188,63	93.757,74	98.852,07	14.981,34
85.396,00	96.240,00	101.448,84	15.374,87
87.603,37	98.722,26	104.045,61	15.768,39
89.810,74	101.204,52	106.642,38	16.161,92
92.018,11	103.686,78	109.239,15	16.555,44

Wert bis … €	0,30	0,50	0,65	0,75	0,80	1,00	1,10	1,20	1,30
1.600.000	2.150,70	3.584,50	4.659,85	5.376,75	5.735,20	**7.169,00**	7.885,90	8.602,80	9.319,70
Pauschale	20,00	20,00	20,00	20,00	20,00	20,00	20,00	20,00	20,00
USt. 19 %	412,43	684,86	889,17	1.025,38	1.093,49	1.365,91	1.502,12	1.638,33	1.774,54
Summe	2.583,13	4.289,36	5.569,02	6.422,13	6.848,69	8.554,91	9.408,02	10.261,13	11.114,24
1.650.000	2.200,20	3.667,00	4.767,10	5.500,50	5.867,20	**7.334,00**	8.067,40	8.800,80	9.534,20
	20,00	20,00	20,00	20,00	20,00	20,00	20,00	20,00	20,00
	421,84	700,53	909,55	1.048,90	1.118,57	1.397,26	1.536,61	1.675,95	1.815,30
	2.642,04	4.387,53	5.696,65	6.569,40	7.005,77	8.751,26	9.624,01	10.496,75	11.369,50
1.700.000	2.249,70	3.749,50	4.874,35	5.624,25	5.999,20	**7.499,00**	8.248,90	8.998,80	9.748,70
	20,00	20,00	20,00	20,00	20,00	20,00	20,00	20,00	20,00
	431,24	716,21	929,93	1.072,41	1.143,65	1.428,61	1.571,09	1.713,57	1.856,05
	2.700,94	4.485,71	5.824,28	6.716,66	7.162,85	8.947,61	9.839,99	10.732,37	11.624,75
1.750.000	2.299,20	3.832,00	4.981,60	5.748,00	6.131,20	**7.664,00**	8.430,40	9.196,80	9.963,20
	20,00	20,00	20,00	20,00	20,00	20,00	20,00	20,00	20,00
	440,65	731,88	950,30	1.095,92	1.168,73	1.459,96	1.605,58	1.751,19	1.896,81
	2.759,85	4.583,88	5.951,90	6.863,92	7.319,93	9.143,96	10.055,98	10.967,99	11.880,01
1.800.000	2.348,70	3.914,50	5.088,85	5.871,75	6.263,20	**7.829,00**	8.611,90	9.394,80	10.177,70
	20,00	20,00	20,00	20,00	20,00	20,00	20,00	20,00	20,00
	450,05	747,56	970,68	1.119,43	1.193,81	1.491,31	1.640,06	1.788,81	1.937,56
	2.818,75	4.682,06	6.079,53	7.011,18	7.477,01	9.340,31	10.271,96	11.203,61	12.135,26
1.850.000	2.398,20	3.997,00	5.196,10	5.995,50	6.395,20	**7.994,00**	8.793,40	9.592,80	10.392,20
	20,00	20,00	20,00	20,00	20,00	20,00	20,00	20,00	20,00
	459,46	763,23	991,06	1.142,95	1.218,89	1.522,66	1.674,55	1.826,43	1.978,32
	2.877,66	4.780,23	6.207,16	7.158,45	7.634,09	9.536,66	10.487,95	11.439,23	12.390,52
1.900.000	2.447,70	4.079,50	5.303,35	6.119,25	6.527,20	**8.159,00**	8.974,90	9.790,80	10.606,70
	20,00	20,00	20,00	20,00	20,00	20,00	20,00	20,00	20,00
	468,86	778,91	1.011,44	1.166,46	1.243,97	1.554,01	1.709,03	1.864,05	2.019,07
	2.936,56	4.878,41	6.334,79	7.305,71	7.791,17	9.733,01	10.703,93	11.674,85	12.645,77

Kostenrisiko

Wert bis	I. Instanz	I. Instanz Vergl.	II. Instanz	II. Instanz Vergl.
1.600.000	67.474,15	68.022,37	80.849,82	86.516,70
1.650.000	69.049,90	69.594,82	82.741,38	88.522,77
1.700.000	70.625,65	71.167,27	84.632,94	90.528,84
1.750.000	72.201,40	72.739,72	86.524,50	92.534,91
1.800.000	73.777,15	74.312,17	88.416,06	94.540,98
1.850.000	75.352,90	75.884,62	90.307,62	96.547,05
1.900.000	76.928,65	77.457,07	92.199,18	98.553,12

1,50	1,60	1,80	1,95	2,50	2,80	3,50	4,10	4,15
10.753,50	11.470,40	12.904,20	13.979,55	17.922,50	20.073,20	25.091,50	29.392,90	29.751,35
20,00	20,00	20,00	20,00	20,00	20,00	20,00	20,00	20,00
2.046,97	2.183,18	2.455,60	2.659,91	3.409,08	3.817,71	4.771,19	5.588,45	5.656,56
12.820,47	13.673,58	15.379,80	16.659,46	21.351,58	23.910,91	29.882,69	35.001,35	35.427,91
11.001,00	11.734,40	13.201,20	14.301,30	18.335,00	20.535,20	25.669,00	30.069,40	30.436,10
20,00	20,00	20,00	20,00	20,00	20,00	20,00	20,00	20,00
2.093,99	2.233,34	2.512,03	2.721,05	3.487,45	3.905,49	4.880,91	5.716,99	5.786,66
13.114,99	13.987,74	15.733,23	17.042,35	21.842,45	24.460,69	30.569,91	35.806,39	36.242,76
11.248,50	11.998,40	13.498,20	14.623,05	18.747,50	20.997,20	26.246,50	30.745,90	31.120,85
20,00	20,00	20,00	20,00	20,00	20,00	20,00	20,00	20,00
2.141,02	2.283,50	2.568,46	2.782,18	3.565,83	3.993,27	4.990,64	5.845,52	5.916,76
13.409,52	14.301,90	16.086,66	17.425,23	22.333,33	25.010,47	31.257,14	36.611,42	37.057,61
11.496,00	12.262,40	13.795,20	14.944,80	19.160,00	21.459,20	26.824,00	31.422,40	31.805,60
20,00	20,00	20,00	20,00	20,00	20,00	20,00	20,00	20,00
2.188,04	2.333,66	2.624,89	2.843,31	3.644,20	4.081,05	5.100,36	5.974,06	6.046,86
13.704,04	14.616,06	16.440,09	17.808,11	22.824,20	25.560,25	31.944,36	37.416,46	37.872,46
11.743,50	12.526,40	14.092,20	15.266,55	19.572,50	21.921,20	27.401,50	32.098,90	32.490,35
20,00	20,00	20,00	20,00	20,00	20,00	20,00	20,00	20,00
2.235,07	2.383,82	2.681,32	2.904,44	3.722,58	4.168,83	5.210,09	6.102,59	6.176,97
13.998,57	14.930,22	16.793,52	18.190,99	23.315,08	26.110,03	32.631,59	38.221,49	38.687,32
11.991,00	12.790,40	14.389,20	15.588,30	19.985,00	22.383,20	27.979,00	32.775,40	33.175,10
20,00	20,00	20,00	20,00	20,00	20,00	20,00	20,00	20,00
2.282,09	2.433,98	2.737,75	2.965,58	3.800,95	4.256,61	5.319,81	6.231,13	6.307,07
14.293,09	15.244,38	17.146,95	18.573,88	23.805,95	26.659,81	33.318,81	39.026,53	39.502,17
12.238,50	13.054,40	14.686,20	15.910,05	20.397,50	22.845,20	28.556,50	33.451,90	33.859,85
20,00	20,00	20,00	20,00	20,00	20,00	20,00	20,00	20,00
2.329,12	2.484,14	2.794,18	3.026,71	3.879,33	4.344,39	5.429,54	6.359,66	6.437,17
14.587,62	15.558,54	17.500,38	18.956,76	24.296,83	27.209,59	34.006,04	39.831,56	40.317,02

III. Instanz	**III. Instanz** BGH-RAe	**III. Instanz** BGH-RAe, Vergl.	**Mahnverfahren**
94.225,48	106.169,04	111.835,92	16.948,97
96.432,85	108.651,30	114.432,69	17.342,49
98.640,22	111.133,56	117.029,46	17.736,02
100.847,59	113.615,82	119.626,23	18.129,54
103.054,96	116.098,08	122.223,00	18.523,07
105.262,33	118.580,34	124.819,77	18.916,59
107.469,70	121.062,60	127.416,54	19.310,12

Wert bis … €	0,30	0,50	0,65	0,75	0,80	1,00	1,10	1,20	1,30
1.950.000	2.497,20	4.162,00	5.410,60	6.243,00	6.659,20	**8.324,00**	9.156,40	9.988,80	10.821,20
Pauschale	20,00	20,00	20,00	20,00	20,00	20,00	20,00	20,00	20,00
USt. 19 %	478,27	794,58	1.031,81	1.189,97	1.269,05	1.585,36	1.743,52	1.901,67	2.059,83
Summe	2.995,47	4.976,58	6.462,41	7.452,97	7.948,25	9.929,36	10.919,92	11.910,47	12.901,03
2.000.000	2.546,70	4.244,50	5.517,85	6.366,75	6.791,20	**8.489,00**	9.337,90	10.186,80	11.035,70
	20,00	20,00	20,00	20,00	20,00	20,00	20,00	20,00	20,00
	487,67	810,26	1.052,19	1.213,48	1.294,13	1.616,71	1.778,00	1.939,29	2.100,58
	3.054,37	5.074,76	6.590,04	7.600,23	8.105,33	10.125,71	11.135,90	12.146,09	13.156,28

Kostenrisiko

Wert bis	I. Instanz	I. Instanz Vergl.	II. Instanz	II. Instanz Vergl.
1.950.000	78.504,40	79.029,52	94.090,74	100.559,19
2.000.000	80.080,15	80.601,97	95.982,30	102.565,26

1,50	1,60	1,80	1,95	2,50	2,80	3,50	4,10	4,15
12.486,00	13.318,40	14.983,20	16.231,80	20.810,00	23.307,20	29.134,00	34.128,40	34.544,60
20,00	20,00	20,00	20,00	20,00	20,00	20,00	20,00	20,00
2.376,14	2.534,30	2.850,61	3.087,84	3.957,70	4.432,17	5.539,26	6.488,20	6.567,27
14.882,14	15.872,70	17.853,81	19.339,64	24.787,70	27.759,37	34.693,26	40.636,60	41.131,87
12.733,50	13.582,40	15.280,20	16.553,55	21.222,50	23.769,20	29.711,50	34.804,90	35.229,35
20,00	20,00	20,00	20,00	20,00	20,00	20,00	20,00	20,00
2.423,17	2.584,46	2.907,04	3.148,97	4.036,08	4.519,95	5.648,99	6.616,73	6.697,38
15.176,67	16.186,86	18.207,24	19.722,52	25.278,58	28.309,15	35.380,49	41.441,63	41.946,73

III. Instanz	III. Instanz BGH-RAe	III. Instanz BGH-RAe, Vergl.	Mahnverfahren
109.677,07	123.544,86	130.013,31	19.703,64
111.884,44	126.027,12	132.610,08	20.097,17

Gerichtskosten § 34 GKG / § 28 FamGKG

Streitwert bis ... €	1,00	1,50	2,00	3,00	0,50
500	40,00	60,00	80,00	120,00	20,00
1.000	61,00	91,50	122,00	183,00	30,50
1.500	82,00	123,00	164,00	246,00	41,00
2.000	103,00	154,50	206,00	309,00	51,50
3.000	125,50	188,25	251,00	376,50	62,75
4.000	148,00	222,00	296,00	444,00	74,00
5.000	170,50	255,75	341,00	511,50	85,25
6.000	193,00	289,50	386,00	579,00	96,50
7.000	215,50	323,25	431,00	646,50	107,75
8.000	238,00	357,00	476,00	714,00	119,00
9.000	260,50	390,75	521,00	781,50	130,25
10.000	283,00	424,50	566,00	849,00	141,50
13.000	313,50	470,25	627,00	940,50	156,75
16.000	344,00	516,00	688,00	1.032,00	172,00
19.000	374,50	561,75	749,00	1.123,50	187,25
22.000	405,00	607,50	810,00	1.215,00	202,50
25.000	435,50	653,25	871,00	1.306,50	217,75
30.000	476,00	714,00	952,00	1.428,00	238,00
35.000	516,50	774,75	1.033,00	1.549,50	258,25
40.000	557,00	835,50	1.114,00	1.671,00	278,50
45.000	597,50	896,25	1.195,00	1.792,50	298,75
50.000	638,00	957,00	1.276,00	1.914,00	319,00
65.000	778,00	1.167,00	1.556,00	2.334,00	389,00
80.000	918,00	1.377,00	1.836,00	2.754,00	459,00
95.000	1.058,00	1.587,00	2.116,00	3.174,00	529,00
110.000	1.198,00	1.797,00	2.396,00	3.594,00	599,00
125.000	1.338,00	2.007,00	2.676,00	4.014,00	669,00
140.000	1.478,00	2.217,00	2.956,00	4.434,00	739,00
155.000	1.618,00	2.427,00	3.236,00	4.854,00	809,00
170.000	1.758,00	2.637,00	3.516,00	5.274,00	879,00
185.000	1.898,00	2.847,00	3.796,00	5.694,00	949,00
200.000	2.038,00	3.057,00	4.076,00	6.114,00	1.019,00
230.000	2.248,00	3.372,00	4.496,00	6.744,00	1.124,00
260.000	2.458,00	3.687,00	4.916,00	7.374,00	1.229,00
290.000	2.668,00	4.002,00	5.336,00	8.004,00	1.334,00
320.000	2.878,00	4.317,00	5.756,00	8.634,00	1.439,00

Streitwert bis ... €	1,00	1,50	2,00	3,00	0,50
350.000	3.088,00	4.632,00	6.176,00	9.264,00	1.544,00
380.000	3.298,00	4.947,00	6.596,00	9.894,00	1.649,00
410.000	3.508,00	5.262,00	7.016,00	10.524,00	1.754,00
440.000	3.718,00	5.577,00	7.436,00	11.154,00	1.859,00
470.000	3.928,00	5.892,00	7.856,00	11.784,00	1.964,00
500.000	4.138,00	6.207,00	8.276,00	12.414,00	2.069,00
550.000	4.348,00	6.522,00	8.696,00	13.044,00	2.174,00
600.000	4.558,00	6.837,00	9.116,00	13.674,00	2.279,00
650.000	4.768,00	7.152,00	9.536,00	14.304,00	2.384,00
700.000	4.978,00	7.467,00	9.956,00	14.934,00	2.489,00
750.000	5.188,00	7.782,00	10.376,00	15.564,00	2.594,00
800.000	5.398,00	8.097,00	10.796,00	16.194,00	2.699,00
850.000	5.608,00	8.412,00	11.216,00	16.824,00	2.804,00
900.000	5.818,00	8.727,00	11.636,00	17.454,00	2.909,00
950.000	6.028,00	9.042,00	12.056,00	18.084,00	3.014,00
1.000.000	6.238,00	9.357,00	12.476,00	18.714,00	3.119,00
1.050.000	6.448,00	9.672,00	12.896,00	19.344,00	3.224,00
1.100.000	6.658,00	9.987,00	13.316,00	19.974,00	3.329,00
1.150.000	6.868,00	10.302,00	13.736,00	20.604,00	3.434,00
1.200.000	7.078,00	10.617,00	14.156,00	21.234,00	3.539,00
1.250.000	7.288,00	10.932,00	14.576,00	21.864,00	3.644,00
1.300.000	7.498,00	11.247,00	14.996,00	22.494,00	3.749,00
1.350.000	7.708,00	11.562,00	15.416,00	23.124,00	3.854,00
1.400.000	7.918,00	11.877,00	15.836,00	23.754,00	3.959,00
1.450.000	8.128,00	12.192,00	16.256,00	24.384,00	4.064,00
1.500.000	8.338,00	12.507,00	16.676,00	25.014,00	4.169,00
1.550.000	8.548,00	12.822,00	17.096,00	25.644,00	4.274,00
1.600.000	8.758,00	13.137,00	17.516,00	26.274,00	4.379,00
1.650.000	8.968,00	13.452,00	17.936,00	26.904,00	4.484,00
1.700.000	9.178,00	13.767,00	18.356,00	27.534,00	4.589,00
1.750.000	9.388,00	14.082,00	18.776,00	28.164,00	4.694,00
1.800.000	9.598,00	14.397,00	19.196,00	28.794,00	4.799,00
1.850.000	9.808,00	14.712,00	19.616,00	29.424,00	4.904,00
1.900.000	10.018,00	15.027,00	20.036,00	30.054,00	5.009,00
1.950.000	10.228,00	15.342,00	20.456,00	30.684,00	5.114,00
2.000.000	10.438,00	15.657,00	20.876,00	31.314,00	5.219,00

Wert bis … €		0,30	0,50	1,00	1,20	1,30	1,60	2,50	3,50
500	**Anw.-Geb.**	15,00	25,75	51,50	61,80	66,95	82,40	128,75	180,25
	Pauschale	3,00	5,15	10,30	12,36	13,39	16,48	25,75	20,00
	USt. 19 %	3,42	5,87	11,74	14,09	15,26	18,79	29,36	38,05
	Summe	21,42	36,77	73,54	88,25	95,60	117,67	183,86	238,30
1.000		27,90	46,50	93,00	111,60	120,90	148,80	232,50	325,50
		5,58	9,30	18,60	22,32	20,00	20,00	20,00	20,00
		6,36	10,60	21,20	25,44	26,77	32,07	47,98	65,65
		39,84	66,40	132,80	159,36	167,67	200,87	300,48	411,15
1.500		40,35	67,25	134,50	161,40	174,85	215,20	336,25	470,75
		8,07	13,45	20,00	20,00	20,00	20,00	20,00	20,00
		9,20	15,33	29,36	34,47	37,02	44,69	67,69	93,24
		57,62	96,03	183,86	215,87	231,87	279,89	423,94	583,99
2.000		52,80	88,00	176,00	211,20	228,80	281,60	440,00	616,00
		10,56	17,60	20,00	20,00	20,00	20,00	20,00	20,00
		12,04	20,06	37,24	43,93	47,27	57,30	87,40	120,84
		75,40	125,66	233,24	275,13	296,07	358,90	547,40	756,84
3.000		70,65	117,75	235,50	282,60	306,15	376,80	588,75	824,25
		14,13	20,00	20,00	20,00	20,00	20,00	20,00	20,00
		16,11	26,17	48,55	57,49	61,97	75,39	115,66	160,41
		100,89	163,92	304,05	360,09	388,12	472,19	724,41	1.004,66
4.000		88,50	147,50	295,00	354,00	383,50	472,00	737,50	1032,50
		17,70	20,00	20,00	20,00	20,00	20,00	20,00	20,00
		20,18	31,83	59,85	71,06	76,67	93,48	143,93	199,98
		126,38	199,33	374,85	445,06	480,17	585,48	901,43	1.252,48
5.000		95,70	159,50	319,00	382,80	414,70	510,40	797,50	1116,50
		17,88	20,00	20,00	20,00	20,00	20,00	20,00	20,00
		21,58	34,11	64,41	76,53	82,59	100,78	155,33	215,94
		135,16	213,61	403,41	479,33	517,29	631,18	972,83	1.352,44
6.000		99,00	165,00	330,00	396,00	429,00	528,00	825,00	1155,00
		20,00	20,00	20,00	20,00	20,00	20,00	20,00	20,00
		22,61	35,15	66,50	79,04	85,31	104,12	160,55	223,25
		141,61	220,15	416,50	495,04	534,31	652,12	1.005,55	1.398,25
7.000		102,30	170,50	341,00	409,20	443,30	545,60	852,50	1193,50
		20,00	20,00	20,00	20,00	20,00	20,00	20,00	20,00
		23,24	36,20	68,59	81,55	88,03	107,46	165,78	230,57
		145,54	226,70	429,59	510,75	551,33	673,06	1.038,28	1.444,07

Wert bis … €		0,30	0,50	1,00	1,20	1,30	1,60	2,50	3,50
8.000	**Anw.-Geb.**	105,60	176,00	352,00	422,40	457,60	563,20	880,00	1232,00
	Pauschale	20,00	20,00	20,00	20,00	20,00	20,00	20,00	20,00
	USt. 19 %	23,86	37,24	70,68	84,06	90,74	110,81	171,00	237,88
	Summe	149,46	233,24	442,68	526,46	568,34	694,01	1.071,00	1.489,88
9.000		108,90	181,50	363,00	435,60	471,90	580,80	907,50	1270,50
		20,00	20,00	20,00	20,00	20,00	20,00	20,00	20,00
		24,49	38,29	72,77	86,56	93,46	114,15	176,23	245,20
		153,39	239,79	455,77	542,16	585,36	714,95	1.103,73	1.535,70
10.000		112,20	187,00	374,00	448,80	486,20	598,40	935,00	1309,00
		20,00	20,00	20,00	20,00	20,00	20,00	20,00	20,00
		25,12	39,33	74,86	89,07	96,18	117,50	181,45	252,51
		157,32	246,33	468,86	557,87	602,38	735,90	1.136,45	1.581,51
13.000		116,70	194,50	389,00	466,80	505,70	622,40	972,50	1361,50
		20,00	20,00	20,00	20,00	20,00	20,00	20,00	20,00
		25,97	40,76	77,71	92,49	99,88	122,06	188,58	262,49
		162,67	255,26	486,71	579,29	625,58	764,46	1.181,08	1.643,99
16.000		121,20	202,00	404,00	484,80	525,20	646,40	1010,00	1414,00
		20,00	20,00	20,00	20,00	20,00	20,00	20,00	20,00
		26,83	42,18	80,56	95,91	103,59	126,62	195,70	272,46
		168,03	264,18	504,56	600,71	648,79	793,02	1.225,70	1.706,46
19.000		125,70	209,50	419,00	502,80	544,70	670,40	1047,50	1466,50
		20,00	20,00	20,00	20,00	20,00	20,00	20,00	20,00
		27,68	43,61	83,41	99,33	107,29	131,18	202,83	282,44
		173,38	273,11	522,41	622,13	671,99	821,58	1.270,33	1.768,94
22.000		130,20	217,00	434,00	520,80	564,20	694,40	1085,00	1519,00
		20,00	20,00	20,00	20,00	20,00	20,00	20,00	20,00
		28,54	45,03	86,26	102,75	111,00	135,74	209,95	292,41
		178,74	282,03	540,26	643,55	695,20	850,14	1.314,95	1.831,41
25.000		134,70	224,50	449,00	538,80	583,70	718,40	1122,50	1571,50
		20,00	20,00	20,00	20,00	20,00	20,00	20,00	20,00
		29,39	46,46	89,11	106,17	114,70	140,30	217,08	302,39
		184,09	290,96	558,11	664,97	718,40	878,70	1.359,58	1.893,89
30.000		146,40	244,00	488,00	585,60	634,40	780,80	1220,00	1708,00
		20,00	20,00	20,00	20,00	20,00	20,00	20,00	20,00
		31,62	50,16	96,52	115,06	124,34	152,15	235,60	328,32
		198,02	314,16	604,52	720,66	778,74	952,95	1.475,60	2.056,32

Wert bis … €		0,30	0,50	1,00	1,20	1,30	1,60	2,50	3,50
35.000	**Anw.-Geb.**	158,10	263,50	527,00	632,40	685,10	843,20	1317,50	1844,50
	Pauschale	20,00	20,00	20,00	20,00	20,00	20,00	20,00	20,00
	USt. 19 %	33,84	53,87	103,93	123,96	133,97	164,01	254,13	354,26
	Summe	211,94	337,37	650,93	776,36	839,07	1.027,21	1.591,63	2.218,76
40.000		169,80	283,00	566,00	679,20	735,80	905,60	1415,00	1981,00
		20,00	20,00	20,00	20,00	20,00	20,00	20,00	20,00
		36,06	57,57	111,34	132,85	143,60	175,86	272,65	380,19
		225,86	360,57	697,34	832,05	899,40	1.101,46	1.707,65	2.381,19
45.000		181,50	302,50	605,00	726,00	786,50	968,00	1512,50	2117,50
		20,00	20,00	20,00	20,00	20,00	20,00	20,00	20,00
		38,29	61,28	118,75	141,74	153,24	187,72	291,18	406,13
		239,79	383,78	743,75	887,74	959,74	1.175,72	1.823,68	2.543,63
50.000		193,20	322,00	644,00	772,80	837,20	1030,40	1610,00	2254,00
		20,00	20,00	20,00	20,00	20,00	20,00	20,00	20,00
		40,51	64,98	126,16	150,63	162,87	199,58	309,70	432,06
		253,71	406,98	790,16	943,43	1.020,07	1.249,98	1.939,70	2.706,06
65.000		207,60	346,00	692,00	830,40	899,60	1.107,20	1.730,00	2.422,00
		20,00	20,00	20,00	20,00	20,00	20,00	20,00	20,00
		43,24	69,54	135,28	161,58	174,72	214,17	332,50	463,98
		270,84	435,54	847,28	1.011,98	1.094,32	1.341,37	2.082,50	2.905,98
80.000		221,70	369,50	739,00	886,80	960,70	1.182,40	1.847,50	2.586,50
		20,00	20,00	20,00	20,00	20,00	20,00	20,00	20,00
		45,92	74,01	144,21	172,29	186,33	228,46	354,83	495,24
		287,62	463,51	903,21	1.079,09	1.167,03	1.430,86	2.222,33	3.101,74
über 80.000		235,80	393,00	786,00	943,20	1.021,80	1.257,60	1.965,00	2.751,00
		20,00	20,00	20,00	20,00	20,00	20,00	20,00	20,00
		48,60	78,47	153,14	183,01	197,94	242,74	377,15	526,49
		304,40	491,47	959,14	1.146,21	1.239,74	1.520,34	2.362,15	3.297,49

Streitwert bis … €	0,10	0,40	0,80	1,60	2,00	2,40	3,20	4,00
500	15,00	15,00	32,00	64,00	80,00	96,00	128,00	160,00
1.000	15,00	24,40	48,80	97,60	122,00	146,40	195,20	244,00
1.500	15,00	32,80	65,60	131,20	164,00	196,80	262,40	328,00
2.000	15,00	41,20	82,40	164,80	206,00	247,20	329,60	412,00
3.000	15,00	50,20	100,40	200,80	251,00	301,20	401,60	502,00
4.000	15,00	59,20	118,40	236,80	296,00	355,20	473,60	592,00
5.000	15,00	68,20	136,40	272,80	341,00	409,20	545,60	682,00
6.000	19,30	77,20	154,40	308,80	386,00	463,20	617,60	772,00
7.000	21,55	86,20	172,40	344,80	431,00	517,20	689,60	862,00
8.000	23,80	95,20	190,40	380,80	476,00	571,20	761,60	952,00
9.000	26,05	104,20	208,40	416,80	521,00	625,20	833,60	1.042,00
10.000	28,30	113,20	226,40	452,80	566,00	679,20	905,60	1.132,00
13.000	31,35	125,40	250,80	501,60	627,00	752,40	1.003,20	1.254,00
16.000	34,40	137,60	275,20	550,40	688,00	825,60	1.100,80	1.376,00
19.000	37,45	149,80	299,60	599,20	749,00	898,80	1.198,40	1.498,00
22.000	40,50	162,00	324,00	648,00	810,00	972,00	1.296,00	1.620,00
25.000	43,55	174,20	348,40	696,80	871,00	1.045,20	1.393,60	1.742,00
30.000	47,60	190,40	380,80	761,60	952,00	1.142,40	1.523,20	1.904,00
35.000	51,65	206,60	413,20	826,40	1.033,00	1.239,60	1.652,80	2.066,00
40.000	55,70	222,80	445,60	891,20	1.114,00	1.336,80	1.782,40	2.228,00
45.000	59,75	239,00	478,00	956,00	1.195,00	1.434,00	1.912,00	2.390,00
50.000	63,80	255,20	510,40	1.020,80	1.276,00	1.531,20	2.041,60	2.552,00
65.000	77,80	311,20	622,40	1.244,80	1.556,00	1.867,20	2.489,60	3.112,00
80.000	91,80	367,20	734,40	1.468,80	1.836,00	2.203,20	2.937,60	3.672,00
95.000	105,80	423,20	846,40	1.692,80	2.116,00	2.539,20	3.385,60	4.232,00
110.000	119,80	479,20	958,40	1.916,80	2.396,00	2.875,20	3.833,60	4.792,00
125.000	133,80	535,20	1.070,40	2.140,80	2.676,00	3.211,20	4.281,60	5.352,00
140.000	147,80	591,20	1.182,40	2.364,80	2.956,00	3.547,20	4.729,60	5.912,00
155.000	161,80	647,20	1.294,40	2.588,80	3.236,00	3.883,20	5.177,60	6.472,00
170.000	175,80	703,20	1.406,40	2.812,80	3.516,00	4.219,20	5.625,60	7.032,00
185.000	189,80	759,20	1.518,40	3.036,80	3.796,00	4.555,20	6.073,60	7.592,00
200.000	203,80	815,20	1.630,40	3.260,80	4.076,00	4.891,20	6.521,60	8.152,00
230.000	224,80	899,20	1.798,40	3.596,80	4.496,00	5.395,20	7.193,60	8.992,00
260.000	245,80	983,20	1.966,40	3.932,80	4.916,00	5.899,20	7.865,60	9.832,00
290.000	266,80	1.067,20	2.134,40	4.268,80	5.336,00	6.403,20	8.537,60	10.672,00
320.000	287,80	1.151,20	2.302,40	4.604,80	5.756,00	6.907,20	9.209,60	11.512,00
350.000	308,80	1.235,20	2.470,40	4.940,80	6.176,00	7.411,20	9.881,60	12.352,00
380.000	329,80	1.319,20	2.638,40	5.276,80	6.596,00	7.915,20	10.553,60	13.192,00

Die Mindestgebühr im arbeitsgerichtlichen Mahnverfahren beträgt 31,00 € (vgl. Nr. 8100 GKG)

Mahnbescheidskosten

Wert bis … €	500	1.000	1.500	2.000	3.000	4.000	5.000	6.000
Anw.-Geb.	51,50	93,00	134,50	176,00	235,50	295,00	354,50	414,00
Auslagen	10,30	18,60	20,00	20,00	20,00	20,00	20,00	20,00
USt. 19 %	11,74	21,20	29,36	37,24	48,55	59,85	71,16	82,46
GK	38,00*	38,00	41,00	51,50	62,75	74,00	85,25	96,50
Gesamt	**73,54**	**170,80**	**224,86**	**284,74**	**366,80**	**448,85**	**530,91**	**612,96**
7.000	**8.000**	**9.000**	**10.000**	**13.000**	**16.000**	**19.000**	**22.000**	**25.000**
473,50	533,00	592,50	652,00	707,00	762,00	817,00	872,00	927,00
20,00	20,00	20,00	20,00	20,00	20,00	20,00	20,00	20,00
93,77	105,07	116,38	127,68	138,13	148,58	159,03	169,48	179,93
107,75	119,00	130,25	141,50	156,75	172,00	187,25	202,50	217,75
695,02	**777,07**	**859,13**	**941,18**	**1.021,88**	**1.102,58**	1.183,28	1.263,98	1.344,68
30.000	**35.000**	**40.000**	**45.000**	**50.000**	**65.000**	**80.000**	**95.000**	**110.000**
1.013,00	1.099,00	1.185,00	1.271,00	1.357,00	1.456,00	1.556,00	1.655,00	1.755,00
20,00	20,00	20,00	20,00	20,00	20,00	20,00	20,00	20,00
196,27	212,61	228,95	245,29	261,63	280,44	299,44	318,25	337,25
238,00	258,25	278,50	298,75	319,00	389,00	459,00	529,00	599,00
1.467,27	**1.589,86**	**1.712,45**	**1.835,04**	**1.957,63**	**2.145,44**	**2.334,44**	**2.522,25**	**2.711,25**
125.000	**140.000**	**155.000**	**170.000**	**185.000**	**200.000**	**230.000**	**260.000**	**290.000**
1.854,50	1.954,00	2.053,50	2.153,00	2.252,50	2.352,00	2.352,00	2.492,00	2.632,00
20,00	20,00	20,00	20,00	20,00	20,00	20,00	20,00	20,00
356,16	375,06	393,97	412,87	431,78	450,68	450,68	477,28	503,88
669,00	739,00	809,00	879,00	949,00	1.019,00	1.124,00	1.229,00	1.334,00
2.899,66	**3.088,06**	**3.276,47**	**3.464,87**	**3.653,28**	**3.841,68**	**3.946,68**	**4.218,28**	**4.489,88**
320.000	**350.000**	**380.000**	**410.000**	**440.000**	**470.000**	**500.000**	**550.000**	**600.000**
2.772,00	3.052,00	3.192,00	3.332,00	3.472,00	3.612,00	3.752,00	3.927,00	4.102,00
20,00	20,00	20,00	20,00	20,00	20,00	20,00	20,00	20,00
530,48	583,68	610,28	636,88	663,48	690,08	716,68	749,93	783,18
1.439,00	1.544,00	1.554,50	1.754,00	1.859,00	1.964,00	2.069,00	2.174,00	2.279,00
4.761,48	**5.199,68**	**5.376,78**	**5.742,88**	**6.014,48**	**6.286,08**	**6.557,68**	**6.870,93**	**7.184,18**
650.000	**700.000**	**750.000**	**800.000**	**850.000**	**900.000**	**950.000**	**1.000.000**	**1.050.000**
4.277,00	4.452,00	4.627,00	4.802,00	4.977,00	5.152,00	5.327,00	5.502,00	5.677,00
20,00	20,00	20,00	20,00	20,00	20,00	20,00	20,00	20,00
816,43	849,68	882,93	916,18	949,43	982,68	1.015,93	1.049,18	1.082,43
2.384,00	2.489,00	2.594,00	2.699,00	2.804,00	2.909,00	3.014,00	3.119,00	3.224,00
7.497,43	**7.810,68**	**8.123,93**	**8.437,18**	**8.750,43**	**9.063,68**	**9.376,93**	**9.690,18**	**10.003,43**
1.100.000	**1.150.000**	**1.200.000**	**1.250.000**	**1.300.000**	**1.350.000**	**1.400.000**	**1.450.000**	**1.500.000**
5.852,00	6.027,00	6.202,00	6.377,00	6.552,00	6.727,00	6.902,00	7.077,00	7.257,00
20,00	20,00	20,00	20,00	20,00	20,00	20,00	20,00	20,00
1.115,68	1.148,93	1.182,18	1.215,43	1.248,68	1.281,93	1.315,18	1.348,43	1.382,63
3.329,00	3.434,00	3.539,00	3.644,00	3.749,00	3.854,00	3.959,00	4.064,00	4.169,00
10.316,68	**10.629,93**	**10.943,18**	**11.256,43**	**11.569,68**	**11.882,93**	**12.196,18**	**12.509,43**	**12.828,63**

* Die Mindestgebühr im Mahnverfahren betrtägt 38,00 €.

Wert bis … €	**500**	**1.000**	**1.500**	**2.000**	**3.000**	**4.000**	**5.000**	**6.000**
Anw.-Geb.	25,75	46,50	67,25	88,00	117,75	147,50	177,25	207,00
Auslagen	5,15	9,30	13,45	17,60	20,00	20,00	20,00	20,00
USt. 19 %	5,87	10,60	15,33	20,06	26,17	31,83	37,48	43,13
GK	0,00	0,00	0,00	0,00	0,00	0,00	0,00	0,00
Gesamt	**36,77**	**66,40**	**96,03**	**125,66**	**163,92**	**199,33**	**234,73**	**270,13**
7.000	**8.000**	**9.000**	**10.000**	**13.000**	**16.000**	**19.000**	**22.000**	**25.000**
236,75	266,50	296,25	326,00	353,50	381,00	408,50	436,00	463,50
20,00	20,00	20,00	20,00	20,00	20,00	20,00	20,00	20,00
48,78	54,44	60,09	65,74	70,97	76,19	81,42	86,64	91,87
0,00	0,00	0,00	0,00	0,00	0,00	0,00	0,00	0,00
305,53	**340,94**	**376,34**	**411,74**	**444,47**	**477,19**	**509,92**	**542,64**	**575,37**
30.000	**35.000**	**40.000**	**45.000**	**50.000**	**65.000**	**80.000**	**95.000**	**110.000**
506,50	549,50	592,50	635,50	678,50	728,00	778,00	827,50	877,50
20,00	20,00	20,00	20,00	20,00	20,00	20,00	20,00	20,00
100,04	108,21	116,38	124,55	132,72	142,12	151,62	161,03	170,53
0,00	0,00	0,00	0,00	0,00	0,00	0,00	0,00	0,00
626,54	**677,71**	**728,88**	**780,05**	**831,22**	**890,12**	**949,62**	**1.008,53**	**1.068,03**
125.000	**140.000**	**155.000**	**170.000**	**185.000**	**200.000**	**230.000**	**260.000**	**290.000**
927,25	977,00	1.026,75	1.076,50	1.126,25	1.176,00	1.176,00	1.246,00	1.316,00
20,00	20,00	20,00	20,00	20,00	20,00	20,00	20,00	20,00
179,98	189,43	198,88	208,34	217,79	227,24	227,24	240,54	253,84
0,00	0,00	0,00	0,00	0,00	0,00	0,00	0,00	0,00
1.127,23	**1.186,43**	**1.245,63**	**1.304,84**	**1.364,04**	**1.423,24**	**1.423,24**	**1.506,54**	**1.589,84**
320.000	**350.000**	**380.000**	**410.000**	**440.000**	**470.000**	**500.000**	**550.000**	**600.000**
1.386,00	1.526,00	1.596,00	1.666,00	1.736,00	1.806,00	1.876,00	1.963,50	2.051,00
20,00	20,00	20,00	20,00	20,00	20,00	20,00	20,00	20,00
267,14	293,74	307,04	320,34	333,64	346,94	360,24	376,87	393,49
0,00	0,00	0,00	0,00	0,00	0,00	0,00	0,00	0,00
1.673,14	**1.839,74**	**1.923,04**	**2.006,34**	**2.089,64**	**2.172,94**	**2.256,24**	**2.360,37**	**2.464,49**
650.000	**700.000**	**750.000**	**800.000**	**850.000**	**900.000**	**950.000**	**1.000.000**	**1.050.000**
2.138,50	2.226,00	2.313,50	2.401,00	2.488,50	2.576,00	2.663,50	2.751,00	2.838,50
20,00	20,00	20,00	20,00	20,00	20,00	20,00	20,00	20,00
410,12	426,74	443,37	459,99	476,62	493,24	509,87	526,49	543,12
0,00	0,00	0,00	0,00	0,00	0,00	0,00	0,00	0,00
2.568,62	**2.672,74**	**2.776,87**	**2.880,99**	**2.985,12**	**3.089,24**	**3.193,37**	**3.297,49**	**3.401,62**
1.100.000	**1.150.000**	**1.200.000**	**1.250.000**	**1.300.000**	**1.350.000**	**1.400.000**	**1.450.000**	**1.500.000**
2.926,00	3.013,50	3.101,00	3.188,50	3.276,00	3.363,50	3.451,00	3.538,50	3.628,50
20,00	20,00	20,00	20,00	20,00	20,00	20,00	20,00	20,00
559,74	576,37	592,99	609,62	626,24	642,87	659,49	676,12	693,22
0,00	0,00	0,00	0,00	0,00	0,00	0,00	0,00	0,00
3.505,74	**3.609,87**	**3.713,99**	**3.818,12**	**3.922,24**	**4.026,37**	**4.130,49**	**4.234,62**	**4.341,72**

Mahnverfahren insgesamt

Wert bis … €	500,00	1.000,00	1.500,00	2.000,00	3.000,00	4.000,00	5.000,00	6.000,00
Anw.-Geb.	77,25	139,50	201,75	264,00	353,25	442,50	531,75	621,00
Auslagen	15,45	20,00	20,00	20,00	20,00	20,00	20,00	20,00
USt. 19 %	17,61	30,31	42,13	53,96	70,92	87,88	104,83	121,79
GK	38,00*	38,00	41,00	51,50	62,75	74,00	85,25	96,50
Gesamt	**110,31**	**227,81**	**304,88**	**389,46**	**506,92**	**624,38**	**741,83**	**859,29**

7.000	8.000	9.000	10.000	13.000	16.000	19.000	22.000	25.000
710,25	799,50	888,75	978,00	1.060,50	1.143,00	1.225,50	1.308,00	1.390,50
20,00	20,00	20,00	20,00	20,00	20,00	20,00	20,00	20,00
138,75	155,71	172,66	189,62	205,30	220,97	236,65	252,32	268,00
107,75	119,00	130,25	141,50	156,75	172,00	187,25	202,50	217,75
976,75	**1.094,21**	**1.211,66**	**1.329,12**	**1.442,55**	**1.555,97**	**1.669,40**	**1.782,82**	**1.896,25**

30.000	35.000	40.000	45.000	50.000	65.000	80.000	95.000	110.000
1.519,50	1.648,50	1.777,50	1.906,50	2.035,50	2.184,00	2.334,00	2.482,50	2.632,50
20,00	20,00	20,00	20,00	20,00	20,00	20,00	20,00	20,00
292,51	317,02	341,53	366,04	390,55	418,76	447,26	475,48	503,98
238,00	258,25	278,50	298,75	319,00	389,00	459,00	529,00	599,00
2.070,01	**2.243,77**	**2.417,53**	**2.591,29**	**2.765,05**	**3.011,76**	**3.260,26**	**3.506,98**	**3.755,48**

125.000	140.000	155.000	170.000	185.000	200.000	230.000	260.000	290.000
2.781,75	2.931,00	3.080,25	3.229,50	3.378,75	3.528,00	3.528,00	3.738,00	3.948,00
20,00	20,00	20,00	20,00	20,00	20,00	20,00	20,00	20,00
532,33	560,69	589,05	617,41	645,76	674,12	674,12	714,02	753,92
669,00	739,00	809,00	879,00	949,00	1.019,00	1.124,00	1.229,00	1.334,00
4.003,08	**4.250,69**	**4.498,30**	**4.745,91**	**4.993,51**	**5.241,12**	**5.346,12**	**5.701,02**	**6.055,92**

320.000	350.000	380.000	410.000	440.000	470.000	500.000	550.000	600.000
4.158,00	4.578,00	4.788,00	4.998,00	5.208,00	5.418,00	5.628,00	5.890,50	6.153,00
20,00	20,00	20,00	20,00	20,00	20,00	20,00	20,00	20,00
793,82	873,62	913,52	953,42	993,32	1.033,22	1.073,12	1.123,00	1.172,87
1.439,00	1.544,00	1.554,50	1.754,00	1.859,00	1.964,00	2.069,00	2.174,00	2.279,00
6.410,82	**7.015,62**	**7.276,02**	**7.725,42**	**8.080,32**	**8.435,22**	**8.790,12**	**9.207,50**	**9.624,87**

650.000	700.000	750.000	800.000	850.000	900.000	950.000	1.000.000	1.050.000
6.415,50	6.678,00	6.940,50	7.203,00	7.465,50	7.728,00	7.990,50	8.253,00	8.515,50
20,00	20,00	20,00	20,00	20,00	20,00	20,00	20,00	20,00
1.222,75	1.272,62	1.322,50	1.372,37	1.422,25	1.472,12	1.522,00	1.571,87	1.621,75
2.384,00	2.489,00	2.594,00	2.699,00	2.804,00	2.909,00	3.014,00	3.119,00	3.224,00
10.042,25	**10.459,62**	**10.877,00**	**11.294,37**	**11.711,75**	**12.129,12**	**12.546,50**	**12.963,87**	**13.381,25**

1.100.000	1.150.000	1.200.000	1.250.000	1.300.000	1.350.000	1.400.000	1.450.000	1.500.000
8.778,00	9.040,50	9.303,00	9.565,50	9.828,00	10.090,50	10.353,00	10.615,50	10.885,50
20,00	20,00	20,00	20,00	20,00	20,00	20,00	20,00	20,00
1.671,62	1.721,50	1.771,37	1.821,25	1.871,12	1.921,00	1.970,87	2.020,75	2.072,05
3.329,00	3.434,00	3.539,00	3.644,00	3.749,00	3.854,00	3.959,00	4.064,00	4.169,00
13.798,62	**14.216,00**	**14.633,37**	**15.050,75**	**15.468,12**	**15.885,50**	**16.302,87**	**16.720,25**	**17.146,55**

* Die Mindestgebühr im Mahnverfahren betrtägt 38,00 €.

Wert bis … €	Hebegebühr	Pauschale	USt. 19 %	Summe
100	1,00	0,20	0,23	1,43
150	1,50	0,30	0,34	2,14
200	2,00	0,40	0,46	2,86
250	2,50	0,50	0,57	3,57
300	3,00	0,60	0,68	4,28
350	3,50	0,70	0,80	5,00
400	4,00	0,80	0,91	5,71
450	4,50	0,90	1,03	6,43
500	5,00	1,00	1,14	7,14
550	5,50	1,10	1,25	7,85
600	6,00	1,20	1,37	8,57
650	6,50	1,30	1,48	9,28
700	7,00	1,40	1,60	10,00
750	7,50	1,50	1,71	10,71
800	8,00	1,60	1,82	11,42
850	8,50	1,70	1,94	12,14
900	9,00	1,80	2,05	12,85
950	9,50	1,90	2,17	13,57
1.000	10,00	2,00	2,28	14,28
1.050	10,50	2,10	2,39	14,99
1.100	11,00	2,20	2,51	15,71
1.150	11,50	2,30	2,62	16,42
1.200	12,00	2,40	2,74	17,14
1.250	12,50	2,50	2,85	17,85
1.300	13,00	2,60	2,96	18,56
1.350	13,50	2,70	3,08	19,28
1.400	14,00	2,80	3,19	19,99
1.450	14,50	2,90	3,31	20,71
1.500	15,00	3,00	3,42	21,42
1.550	15,50	3,10	3,53	22,13
1.600	16,00	3,20	3,65	22,85
1.650	16,50	3,30	3,76	23,56
1.700	17,00	3,40	3,88	24,28
1.750	17,50	3,50	3,99	24,99
1.800	18,00	3,60	4,10	25,70
1.850	18,50	3,70	4,22	26,42

Hebegebühren

Wert bis … €	Hebegebühr	Pauschale	USt. 19 %	Summe
1.900	19,00	3,80	4,33	27,13
1.950	19,50	3,90	4,45	27,85
2.000	20,00	4,00	4,56	28,56
2.050	20,50	4,10	4,67	29,27
2.100	21,00	4,20	4,79	29,99
2.150	21,50	4,30	4,90	30,70
2.200	22,00	4,40	5,02	31,42
2.250	22,50	4,50	5,13	32,13
2.300	23,00	4,60	5,24	32,84
2.350	23,50	4,70	5,36	33,56
2.400	24,00	4,80	5,47	34,27
2.450	24,50	4,90	5,59	34,99
2.500	25,00	5,00	5,70	35,70
2.600	25,50	5,10	5,81	36,41
2.700	26,00	5,20	5,93	37,13
2.800	26,50	5,30	6,04	37,84
2.900	27,00	5,40	6,16	38,56
3.000	27,50	5,50	6,27	39,27
3.100	28,00	5,60	6,38	39,98
3.200	28,50	5,70	6,50	40,70
3.300	29,00	5,80	6,61	41,41
3.400	29,50	5,90	6,73	42,13
3.500	30,00	6,00	6,84	42,84
3.600	30,50	6,10	6,95	43,55
3.700	31,00	6,20	7,07	44,27
3.800	31,50	6,30	7,18	44,98
3.900	32,00	6,40	7,30	45,70
4.000	32,50	6,50	7,41	46,41
4.100	33,00	6,60	7,52	47,12
4.200	33,50	6,70	7,64	47,84
4.300	34,00	6,80	7,75	48,55
4.400	34,50	6,90	7,87	49,27
4.500	35,00	7,00	7,98	49,98
4.600	35,50	7,10	8,09	50,69
4.700	36,00	7,20	8,21	51,41
4.800	36,50	7,30	8,32	52,12

Wert bis ... €	Hebegebühr	Pauschale	USt. 19 %	Summe
4.900	37,00	7,40	8,44	52,84
5.000	37,50	7,50	8,55	53,55
5.100	38,00	7,60	8,66	54,26
5.200	38,50	7,70	8,78	54,98
5.300	39,00	7,80	8,89	55,69
5.400	39,50	7,90	9,01	56,41
5.500	40,00	8,00	9,12	57,12
5.600	40,50	8,10	9,23	57,83
5.700	41,00	8,20	9,35	58,55
5.800	41,50	8,30	9,46	59,26
5.900	42,00	8,40	9,58	59,98
6.000	42,50	8,50	9,69	60,69
6.100	43,00	8,60	9,80	61,40
6.200	43,50	8,70	9,92	62,12
6.300	44,00	8,80	10,03	62,83
6.400	44,50	8,90	10,15	63,55
6.500	45,00	9,00	10,26	64,26
6.600	45,50	9,10	10,37	64,97
6.700	46,00	9,20	10,49	65,69
6.800	46,50	9,30	10,60	66,40
6.900	47,00	9,40	10,72	67,12
7.000	47,50	9,50	10,83	67,83
7.100	48,00	9,60	10,94	68,54
7.200	48,50	9,70	11,06	69,26
7.300	49,00	9,80	11,17	69,97
7.400	49,50	9,90	11,29	70,69
7.500	50,00	10,00	11,40	71,40
7.600	50,50	10,10	11,51	72,11
7.700	51,00	10,20	11,63	72,83
7.800	51,50	10,30	11,74	73,54
7.900	52,00	10,40	11,86	74,26
8.000	52,50	10,50	11,97	74,97
8.100	53,00	10,60	12,08	75,68
8.200	53,50	10,70	12,20	76,40
8.300	54,00	10,80	12,31	77,11
8.400	54,50	10,90	12,43	77,83

Hebegebühren

Wert bis … €	Hebegebühr	Pauschale	USt. 19 %	Summe
8.500	55,00	11,00	12,54	78,54
8.600	55,50	11,10	12,65	79,25
8.700	56,00	11,20	12,77	79,97
8.800	56,50	11,30	12,88	80,68
8.900	57,00	11,40	13,00	81,40
9.000	57,50	11,50	13,11	82,11
9.100	58,00	11,60	13,22	82,82
9.200	58,50	11,70	13,34	83,54
9.300	59,00	11,80	13,45	84,25
9.400	59,50	11,90	13,57	84,97
9.500	60,00	12,00	13,68	85,68
9.600	60,50	12,10	13,79	86,39
9.700	61,00	12,20	13,91	87,11
9.800	61,50	12,30	14,02	87,82
9.900	62,00	12,40	14,14	88,54
10.000	62,50	12,50	14,25	89,25

Stück	€	USt.	Summe
1	0,50	0,10	0,60
2	1,00	0,19	1,19
3	1,50	0,29	1,79
4	2,00	0,38	2,38
5	2,50	0,48	2,98
6	3,00	0,57	3,57
7	3,50	0,67	4,17
8	4,00	0,76	4,76
9	4,50	0,86	5,36
10	5,00	0,95	5,95
11	5,50	1,05	6,55
12	6,00	1,14	7,14
13	6,50	1,24	7,74
14	7,00	1,33	8,33
15	7,50	1,43	8,93
16	8,00	1,52	9,52
17	8,50	1,62	10,12
18	9,00	1,71	10,71
19	9,50	1,81	11,31
20	10,00	1,90	11,90
21	10,50	2,00	12,50
22	11,00	2,09	13,09
23	11,50	2,19	13,69
24	12,00	2,28	14,28
25	12,50	2,38	14,88
26	13,00	2,47	15,47
27	13,50	2,57	16,07
28	14,00	2,66	16,66
29	14,50	2,76	17,26
30	15,00	2,85	17,85
31	15,50	2,95	18,45
32	16,00	3,04	19,04
33	16,50	3,14	19,64
34	17,00	3,23	20,23

Stück	€	USt.	Summe
35	17,50	3,33	20,83
36	18,00	3,42	21,42
37	18,50	3,52	22,02
38	19,00	3,61	22,61
39	19,50	3,71	23,21
40	20,00	3,80	23,80
41	20,50	3,90	24,40
42	21,00	3,99	24,99
43	21,50	4,09	25,59
44	22,00	4,18	26,18
45	22,50	4,28	26,78
46	23,00	4,37	27,37
47	23,50	4,47	27,97
48	24,00	4,56	28,56
49	24,50	4,66	29,16
50	25,00	4,75	29,75
51	25,15	4,78	29,93
52	25,30	4,81	30,11
53	25,45	4,84	30,29
54	25,60	4,86	30,46
55	25,75	4,89	30,64
56	25,90	4,92	30,82
57	26,05	4,95	31,00
58	26,20	4,98	31,18
59	26,35	5,01	31,36
60	26,50	5,04	31,54
61	26,65	5,06	31,71
62	26,80	5,09	31,89
63	26,95	5,12	32,07
64	27,10	5,15	32,25
65	27,25	5,18	32,43
66	27,40	5,21	32,61
67	27,55	5,23	32,78
68	27,70	5,26	32,96

Stück	€	USt.	Summe
69	27,85	5,29	33,14
70	28,00	5,32	33,32
71	28,15	5,35	33,50
72	28,30	5,38	33,68
73	28,45	5,41	33,86
74	28,60	5,43	34,03
75	28,75	5,46	34,21
76	28,90	5,49	34,39
77	29,05	5,52	34,57
78	29,20	5,55	34,75
79	29,35	5,58	34,93
80	29,50	5,61	35,11
81	29,65	5,63	35,28
82	29,80	5,66	35,46
83	29,95	5,69	35,64
84	30,10	5,72	35,82
85	30,25	5,75	36,00
86	30,40	5,78	36,18
87	30,55	5,80	36,35
88	30,70	5,83	36,53
89	30,85	5,86	36,71
90	31,00	5,89	36,89
91	31,15	5,92	37,07
92	31,30	5,95	37,25
93	31,45	5,98	37,43
94	31,60	6,00	37,60
95	31,75	6,03	37,78
96	31,90	6,06	37,96
97	32,05	6,09	38,14
98	32,20	6,12	38,32
99	32,35	6,15	38,50
100	32,50	6,18	38,68

Kopienkosten (farbig)

Stück	€	USt.	Summe	Stück	€	USt.	Summe	Stück	€	USt.	Summe
1	1,00	0,19	1,19	**35**	35,00	6,65	41,65	**69**	55,70	10,58	66,28
2	2,00	0,38	2,38	**36**	36,00	6,84	42,84	**70**	56,00	10,64	66,64
3	3,00	0,57	3,57	**37**	37,00	7,03	44,03	**71**	56,30	10,70	67,00
4	4,00	0,76	4,76	**38**	38,00	7,22	45,22	**72**	56,60	10,75	67,35
5	5,00	0,95	5,95	**39**	39,00	7,41	46,41	**73**	56,90	10,81	67,71
6	6,00	1,14	7,14	**40**	40,00	7,60	47,60	**74**	57,20	10,87	68,07
7	7,00	1,33	8,33	**41**	41,00	7,79	48,79	**75**	57,50	10,93	68,42
8	8,00	1,52	9,52	**42**	42,00	7,98	49,98	**76**	57,80	10,98	68,78
9	9,00	1,71	10,71	**43**	43,00	8,17	51,17	**77**	58,10	11,04	69,14
10	10,00	1,90	11,90	**44**	44,00	8,36	52,36	**78**	58,40	11,10	69,50
11	11,00	2,09	13,09	**45**	45,00	8,55	53,55	**79**	58,70	11,15	69,85
12	12,00	2,28	14,28	**46**	46,00	8,74	54,74	**80**	59,00	11,21	70,21
13	13,00	2,47	15,47	**47**	47,00	8,93	55,93	**81**	59,30	11,27	70,57
14	14,00	2,66	16,66	**48**	48,00	9,12	57,12	**82**	59,60	11,32	70,92
15	15,00	2,85	17,85	**49**	49,00	9,31	58,31	**83**	59,90	11,38	71,28
16	16,00	3,04	19,04	**50**	50,00	9,50	59,50	**84**	60,20	11,44	71,64
17	17,00	3,23	20,23	**51**	50,30	9,56	59,86	**85**	60,50	11,50	71,99
18	18,00	3,42	21,42	**52**	50,60	9,61	60,21	**86**	60,80	11,55	72,35
19	19,00	3,61	22,61	**53**	50,90	9,67	60,57	**87**	61,10	11,61	72,71
20	20,00	3,80	23,80	**54**	51,20	9,73	60,93	**88**	61,40	11,67	73,07
21	21,00	3,99	24,99	**55**	51,50	9,79	61,29	**89**	61,70	11,72	73,42
22	22,00	4,18	26,18	**56**	51,80	9,84	61,64	**90**	62,00	11,78	73,78
23	23,00	4,37	27,37	**57**	52,10	9,90	62,00	**91**	62,30	11,84	74,14
24	24,00	4,56	28,56	**58**	52,40	9,96	62,36	**92**	62,60	11,89	74,49
25	25,00	4,75	29,75	**59**	52,70	10,01	62,71	**93**	62,90	11,95	74,85
26	26,00	4,94	30,94	**60**	53,00	10,07	63,07	**94**	63,20	12,01	75,21
27	27,00	5,13	32,13	**61**	53,30	10,13	63,43	**95**	63,50	12,07	75,56
28	28,00	5,32	33,32	**62**	53,60	10,18	63,78	**96**	63,80	12,12	75,92
29	29,00	5,51	34,51	**63**	53,90	10,24	64,14	**97**	64,10	12,18	76,28
30	30,00	5,70	35,70	**64**	54,20	10,30	64,50	**98**	64,40	12,24	76,64
31	31,00	5,89	36,89	**65**	54,50	10,36	64,85	**99**	64,70	12,29	76,99
32	32,00	6,08	38,08	**66**	54,80	10,41	65,21	**100**	65,00	12,35	77,35
33	33,00	6,27	39,27	**67**	55,10	10,47	65,57				
34	34,00	6,46	40,46	**68**	55,40	10,53	65,93				

Wert bis ... €	1,00	2,00	1,50	0,50	0,25	0,10
500	40,00	80,00	120,00	20,00	15,00	15,00
1.000	61,00	122,00	183,00	30,50	15,00	15,00
1.500	82,00	164,00	246,00	41,00	20,50	15,00
2.000	103,00	206,00	309,00	51,50	25,75	15,00
3.000	125,50	251,00	376,50	62,75	31,38	15,00
4.000	148,00	296,00	444,00	74,00	37,00	15,00
5.000	170,50	341,00	511,50	85,25	42,63	15,00
6.000	193,00	386,00	579,00	96,50	48,25	19,30
7.000	215,50	431,00	646,50	107,75	53,88	21,55
8.000	238,00	476,00	714,00	119,00	59,50	23,80
9.000	260,50	521,00	781,50	130,25	65,13	26,05
10.000	283,00	566,00	849,00	141,50	70,75	28,30
13.000	313,50	627,00	940,50	156,75	78,38	31,35
16.000	344,00	688,00	1.032,00	172,00	86,00	34,40
19.000	374,50	749,00	1.123,50	187,25	93,63	37,45
22.000	405,00	810,00	1.215,00	202,50	101,25	40,50
25.000	435,50	871,00	1.306,50	217,75	108,88	43,55
30.000	476,00	952,00	1.428,00	238,00	119,00	47,60
35.000	516,50	1.033,00	1.549,50	258,25	129,13	51,65
40.000	557,00	1.114,00	1.671,00	278,50	139,25	55,70
45.000	597,50	1.195,00	1.792,50	298,75	149,38	59,75
50.000	638,00	1.276,00	1.914,00	319,00	159,50	63,80
65.000	778,00	1.556,00	2.334,00	389,00	194,50	77,80
80.000	918,00	1.836,00	2.754,00	459,00	229,50	91,80
95.000	1.058,00	2.116,00	3.174,00	529,00	264,50	105,80
110.000	1.198,00	2.396,00	3.594,00	599,00	299,50	119,80
125.000	1.338,00	2.676,00	4.014,00	669,00	334,50	133,80
140.000	1.478,00	2.956,00	4.434,00	739,00	369,50	147,80
155.000	1.618,00	3.236,00	4.854,00	809,00	404,50	161,80
170.000	1.758,00	3.516,00	5.274,00	879,00	439,50	175,80
185.000	1.898,00	3.796,00	5.694,00	949,00	474,50	189,80
200.000	2.038,00	4.076,00	6.114,00	1.019,00	509,50	203,80
230.000	2.248,00	4.496,00	6.744,00	1.124,00	562,00	224,80
260.000	2.458,00	4.916,00	7.374,00	1.229,00	614,50	245,80
290.000	2.668,00	5.336,00	8.004,00	1.334,00	667,00	266,80
320.000	2.878,00	5.756,00	8.634,00	1.439,00	719,50	287,80
350.000	3.088,00	6.176,00	9.264,00	1.544,00	772,00	308,80
380.000	3.298,00	6.596,00	9.894,00	1.649,00	824,50	329,80

Wert bis ... €	1,00	2,00	1,50	0,50	0,25	0,10
410.000	3.508,00	7.016,00	10.524,00	1.754,00	877,00	350,80
440.000	3.718,00	7.436,00	11.154,00	1.859,00	929,50	371,80
470.000	3.928,00	7.856,00	11.784,00	1.964,00	982,00	392,80
500.000	4.138,00	8.276,00	12.414,00	2.069,00	1.034,50	413,80
550.000	4.348,00	8.696,00	13.044,00	2.174,00	1.087,00	434,80
600.000	4.558,00	9.116,00	13.674,00	2.279,00	1.139,50	455,80
650.000	4.768,00	9.536,00	14.304,00	2.384,00	1.192,00	476,80
700.000	4.978,00	9.956,00	14.934,00	2.489,00	1.244,50	497,80
750.000	5.188,00	10.376,00	15.564,00	2.594,00	1.297,00	518,80
800.000	5.398,00	10.796,00	16.194,00	2.699,00	1.349,50	539,80
850.000	5.608,00	11.216,00	16.824,00	2.804,00	1.402,00	560,80
900.000	5.818,00	11.636,00	17.454,00	2.909,00	1.454,50	581,80
950.000	6.028,00	12.056,00	18.084,00	3.014,00	1.507,00	602,80
1.000.000	6.238,00	12.476,00	18.714,00	3.119,00	1.559,50	623,80
1.050.000	6.448,00	12.896,00	19.344,00	3.224,00	1.612,00	644,80
1.100.000	6.658,00	13.316,00	19.974,00	3.329,00	1.664,50	665,80
1.150.000	6.868,00	13.736,00	20.604,00	3.434,00	1.717,00	686,80
1.200.000	7.078,00	14.156,00	21.234,00	3.539,00	1.769,50	707,80
1.250.000	7.288,00	14.576,00	21.864,00	3.644,00	1.822,00	728,80
1.300.000	7.498,00	14.996,00	22.494,00	3.749,00	1.874,50	749,80
1.350.000	7.708,00	15.416,00	23.124,00	3.854,00	1.927,00	770,80
1.400.000	7.918,00	15.836,00	23.754,00	3.959,00	1.979,50	791,80
1.450.000	8.128,00	16.256,00	24.384,00	4.064,00	2.032,00	812,80
1.500.000	8.338,00	16.676,00	25.014,00	4.169,00	2.084,50	833,80
1.550.000	8.548,00	17.096,00	25.644,00	4.274,00	2.137,00	854,80
1.600.000	8.758,00	17.516,00	26.274,00	4.379,00	2.189,50	875,80
1.650.000	8.968,00	17.936,00	26.904,00	4.484,00	2.242,00	896,80
1.700.000	9.178,00	18.356,00	27.534,00	4.589,00	2.294,50	917,80
1.750.000	9.388,00	18.776,00	28.164,00	4.694,00	2.347,00	938,80
1.800.000	9.598,00	19.196,00	28.794,00	4.799,00	2.399,50	959,80
1.850.000	9.808,00	19.616,00	29.424,00	4.904,00	2.452,00	980,80
1.900.000	10.018,00	20.036,00	30.054,00	5.009,00	2.504,50	1.001,80
1.950.000	10.228,00	20.456,00	30.684,00	5.114,00	2.557,00	1.022,80
2.000.000	10.438,00	20.876,00	31.314,00	5.219,00	2.609,50	1.043,80
2.050.000	10.648,00	21.296,00	31.944,00	5.324,00	2.662,00	1.064,80
2.100.000	10.858,00	21.716,00	32.574,00	5.429,00	2.714,50	1.085,80
2.150.000	11.068,00	22.136,00	33.204,00	5.534,00	2.767,00	1.106,80
2.200.000	11.278,00	22.556,00	33.834,00	5.639,00	2.819,50	1.127,80

Wert bis … €	1,00	2,00	1,50	0,50	0,25	0,10
2.250.000	11.488,00	22.976,00	34.464,00	5.744,00	2.872,00	1.148,80
2.300.000	11.698,00	23.396,00	35.094,00	5.849,00	2.924,50	1.169,80
2.350.000	11.908,00	23.816,00	35.724,00	5.954,00	2.977,00	1.190,80
2.400.000	12.118,00	24.236,00	36.354,00	6.059,00	3.029,50	1.211,80
2.450.000	12.328,00	24.656,00	36.984,00	6.164,00	3.082,00	1.232,80
2.500.000	12.538,00	25.076,00	37.614,00	6.269,00	3.134,50	1.253,80
2.550.000	12.748,00	25.496,00	38.244,00	6.374,00	3.187,00	1.274,80
2.600.000	12.958,00	25.916,00	38.874,00	6.479,00	3.239,50	1.295,80
2.650.000	13.168,00	26.336,00	39.504,00	6.584,00	3.292,00	1.316,80
2.700.000	13.378,00	26.756,00	40.134,00	6.689,00	3.344,50	1.337,80
2.750.000	13.588,00	27.176,00	40.764,00	6.794,00	3.397,00	1.358,80
2.800.000	13.798,00	27.596,00	41.394,00	6.899,00	3.449,50	1.379,80
2.850.000	14.008,00	28.016,00	42.024,00	7.004,00	3.502,00	1.400,80
2.900.000	14.218,00	28.436,00	42.654,00	7.109,00	3.554,50	1.421,80
2.950.000	14.428,00	28.856,00	43.284,00	7.214,00	3.607,00	1.442,80
3.000.000	14.638,00	29.276,00	43.914,00	7.319,00	3.659,50	1.463,80
3.050.000	14.848,00	29.696,00	44.544,00	7.424,00	3.712,00	1.484,80
3.100.000	15.058,00	30.116,00	45.174,00	7.529,00	3.764,50	1.505,80
3.150.000	15.268,00	30.536,00	45.804,00	7.634,00	3.817,00	1.526,80
3.200.000	15.478,00	30.956,00	46.434,00	7.739,00	3.869,50	1.547,80
3.250.000	15.688,00	31.376,00	47.064,00	7.844,00	3.922,00	1.568,80
3.300.000	15.898,00	31.796,00	47.694,00	7.949,00	3.974,50	1.589,80
3.350.000	16.108,00	32.216,00	48.324,00	8.054,00	4.027,00	1.610,80
3.400.000	16.318,00	32.636,00	48.954,00	8.159,00	4.079,50	1.631,80
3.450.000	16.528,00	33.056,00	49.584,00	8.264,00	4.132,00	1.652,80
3.500.000	16.738,00	33.476,00	50.214,00	8.369,00	4.184,50	1.673,80
3.550.000	16.948,00	33.896,00	50.844,00	8.474,00	4.237,00	1.694,80
3.600.000	17.158,00	34.316,00	51.474,00	8.579,00	4.289,50	1.715,80
3.650.000	17.368,00	34.736,00	52.104,00	8.684,00	4.342,00	1.736,80
3.700.000	17.578,00	35.156,00	52.734,00	8.789,00	4.394,50	1.757,80
3.750.000	17.788,00	35.576,00	53.364,00	8.894,00	4.447,00	1.778,80
3.800.000	17.998,00	35.996,00	53.994,00	8.999,00	4.499,50	1.799,80
3.850.000	18.208,00	36.416,00	54.624,00	9.104,00	4.552,00	1.820,80
3.900.000	18.418,00	36.836,00	55.254,00	9.209,00	4.604,50	1.841,80
3.950.000	18.628,00	37.256,00	55.884,00	9.314,00	4.657,00	1.862,80
4.000.000	18.838,00	37.676,00	56.514,00	9.419,00	4.709,50	1.883,80
4.050.000	19.048,00	38.096,00	57.144,00	9.524,00	4.762,00	1.904,80
4.100.000	19.258,00	38.516,00	57.774,00	9.629,00	4.814,50	1.925,80

Wert bis ... €	1,00	2,00	1,50	0,50	0,25	0,10
4.150.000	19.468,00	38.936,00	58.404,00	9.734,00	4.867,00	1.946,80
4.200.000	19.678,00	39.356,00	59.034,00	9.839,00	4.919,50	1.967,80
4.250.000	19.888,00	39.776,00	59.664,00	9.944,00	4.972,00	1.988,80
4.300.000	20.098,00	40.196,00	60.294,00	10.049,00	5.024,50	2.009,80
4.350.000	20.308,00	40.616,00	60.924,00	10.154,00	5.077,00	2.030,80
4.400.000	20.518,00	41.036,00	61.554,00	10.259,00	5.129,50	2.051,80
4.450.000	20.728,00	41.456,00	62.184,00	10.364,00	5.182,00	2.072,80
4.500.000	20.938,00	41.876,00	62.814,00	10.469,00	5.234,50	2.093,80
4.550.000	21.148,00	42.296,00	63.444,00	10.574,00	5.287,00	2.114,80
4.600.000	21.358,00	42.716,00	64.074,00	10.679,00	5.339,50	2.135,80
4.650.000	21.568,00	43.136,00	64.704,00	10.784,00	5.392,00	2.156,80
4.700.000	21.778,00	43.556,00	65.334,00	10.889,00	5.444,50	2.177,80
4.750.000	21.988,00	43.976,00	65.964,00	10.994,00	5.497,00	2.198,80
4.800.000	22.198,00	44.396,00	66.594,00	11.099,00	5.549,50	2.219,80
4.850.000	22.408,00	44.816,00	67.224,00	11.204,00	5.602,00	2.240,80
4.900.000	22.618,00	45.236,00	67.854,00	11.309,00	5.654,50	2.261,80
4.950.000	22.828,00	45.656,00	68.484,00	11.414,00	5.707,00	2.282,80
5.000.000	23.038,00	46.076,00	69.114,00	11.519,00	5.759,50	2.303,80

Weitere Gebührenstaffelungen wie folgt:

Erhöhung der vollen Gebühr um 198,00 € für jeden weiteren Betrag von 50.000 €.

Der Höchstwert beträgt gem. § 35 Abs. 2 GNotKG 30 Mio €.

Wert bis … €	1,00	2,00	1,50	0,50	0,25	0,10
500	15,00	30,00	22,50	15,00	15,00	15,00
1.000	19,00	38,00	28,50	15,00	15,00	15,00
1.500	23,00	46,00	34,50	15,00	15,00	15,00
2.000	27,00	54,00	40,50	15,00	15,00	15,00
3.000	33,00	66,00	49,50	16,50	15,00	15,00
4.000	39,00	78,00	58,50	19,50	15,00	15,00
5.000	45,00	90,00	67,50	22,50	15,00	15,00
6.000	51,00	102,00	76,50	25,50	15,00	15,00
7.000	57,00	114,00	85,50	28,50	15,00	15,00
8.000	63,00	126,00	94,50	31,50	15,75	15,00
9.000	69,00	138,00	103,50	34,50	17,25	15,00
10.000	75,00	150,00	112,50	37,50	18,75	15,00
13.000	83,00	166,00	124,50	41,50	20,75	15,00
16.000	91,00	182,00	136,50	45,50	22,75	15,00
19.000	99,00	198,00	148,50	49,50	24,75	15,00
22.000	107,00	214,00	160,50	53,50	26,75	15,00
25.000	115,00	230,00	172,50	57,50	28,75	15,00
30.000	125,00	250,00	187,50	62,50	31,25	15,00
35.000	135,00	270,00	202,50	67,50	33,75	15,00
40.000	145,00	290,00	217,50	72,50	36,25	15,00
45.000	155,00	310,00	232,50	77,50	38,75	15,50
50.000	165,00	330,00	247,50	82,50	41,25	16,50
65.000	192,00	384,00	288,00	96,00	48,00	19,20
80.000	219,00	438,00	328,50	109,50	54,75	21,90
95.000	246,00	492,00	369,00	123,00	61,50	24,60
110.000	273,00	546,00	409,50	136,50	68,25	27,30
125.000	300,00	600,00	450,00	150,00	75,00	30,00
140.000	327,00	654,00	490,50	163,50	81,75	32,70
155.000	354,00	708,00	531,00	177,00	88,50	35,40
170.000	381,00	762,00	571,50	190,50	95,25	38,10
185.000	408,00	816,00	612,00	204,00	102,00	40,80
200.000	435,00	870,00	652,50	217,50	108,75	43,50
230.000	485,00	970,00	727,50	242,50	121,25	48,50
260.000	535,00	1.070,00	802,50	267,50	133,75	53,50
290.000	585,00	1.170,00	877,50	292,50	146,25	58,50
320.000	635,00	1.270,00	952,50	317,50	158,75	63,50
350.000	685,00	1.370,00	1.027,50	342,50	171,25	68,50
380.000	735,00	1.470,00	1.102,50	367,50	183,75	73,50

Wert bis ... €	1,00	2,00	1,50	0,50	0,25	0,10
410.000	785,00	1.570,00	1.177,50	392,50	196,25	78,50
440.000	835,00	1.670,00	1.252,50	417,50	208,75	83,50
470.000	885,00	1.770,00	1.327,50	442,50	221,25	88,50
500.000	935,00	1.870,00	1.402,50	467,50	233,75	93,50
550.000	1.015,00	2.030,00	1.522,50	507,50	253,75	101,50
600.000	1.095,00	2.190,00	1.642,50	547,50	273,75	109,50
650.000	1.175,00	2.350,00	1.762,50	587,50	293,75	117,50
700.000	1.255,00	2.510,00	1.882,50	627,50	313,75	125,50
750.000	1.335,00	2.670,00	2.002,50	667,50	333,75	133,50
800.000	1.415,00	2.830,00	2.122,50	707,50	353,75	141,50
850.000	1.495,00	2.990,00	2.242,50	747,50	373,75	149,50
900.000	1.575,00	3.150,00	2.362,50	787,50	393,75	157,50
950.000	1.655,00	3.310,00	2.482,50	827,50	413,75	165,50
1.000.000	1.735,00	3.470,00	2.602,50	867,50	433,75	173,50
1.050.000	1.815,00	3.630,00	2.722,50	907,50	453,75	181,50
1.100.000	1.895,00	3.790,00	2.842,50	947,50	473,75	189,50
1.150.000	1.975,00	3.950,00	2.962,50	987,50	493,75	197,50
1.200.000	2.055,00	4.110,00	3.082,50	1.027,50	513,75	205,50
1.250.000	2.135,00	4.270,00	3.202,50	1.067,50	533,75	213,50
1.300.000	2.215,00	4.430,00	3.322,50	1.107,50	553,75	221,50
1.350.000	2.295,00	4.590,00	3.442,50	1.147,50	573,75	229,50
1.400.000	2.375,00	4.750,00	3.562,50	1.187,50	593,75	237,50
1.450.000	2.455,00	4.910,00	3.682,50	1.227,50	613,75	245,50
1.500.000	2.535,00	5.070,00	3.802,50	1.267,50	633,75	253,50
1.550.000	2.615,00	5.230,00	3.922,50	1.307,50	653,75	261,50
1.600.000	2.695,00	5.390,00	4.042,50	1.347,50	673,75	269,50
1.650.000	2.775,00	5.550,00	4.162,50	1.387,50	693,75	277,50
1.700.000	2.855,00	5.710,00	4.282,50	1.427,50	713,75	285,50
1.750.000	2.935,00	5.870,00	4.402,50	1.467,50	733,75	293,50
1.800.000	3.015,00	6.030,00	4.522,50	1.507,50	753,75	301,50
1.850.000	3.095,00	6.190,00	4.642,50	1.547,50	773,75	309,50
1.900.000	3.175,00	6.350,00	4.762,50	1.587,50	793,75	317,50
1.950.000	3.255,00	6.510,00	4.882,50	1.627,50	813,75	325,50
2.000.000	3.335,00	6.670,00	5.002,50	1.667,50	833,75	333,50
2.050.000	3.415,00	6.830,00	5.122,50	1.707,50	853,75	341,50
2.100.000	3.495,00	6.990,00	5.242,50	1.747,50	873,75	349,50
2.150.000	3.575,00	7.150,00	5.362,50	1.787,50	893,75	357,50
2.200.000	3.655,00	7.310,00	5.482,50	1.827,50	913,75	365,50

Wert bis … €	1,00	2,00	1,50	0,50	0,25	0,10
2.250.000	3.735,00	7.470,00	5.602,50	1.867,50	933,75	373,50
2.300.000	3.815,00	7.630,00	5.722,50	1.907,50	953,75	381,50
2.350.000	3.895,00	7.790,00	5.842,50	1.947,50	973,75	389,50
2.400.000	3.975,00	7.950,00	5.962,50	1.987,50	993,75	397,50
2.450.000	4.055,00	8.110,00	6.082,50	2.027,50	1.013,75	405,50
2.500.000	4.135,00	8.270,00	6.202,50	2.067,50	1.033,75	413,50
2.550.000	4.215,00	8.430,00	6.322,50	2.107,50	1.053,75	421,50
2.600.000	4.295,00	8.590,00	6.442,50	2.147,50	1.073,75	429,50
2.650.000	4.375,00	8.750,00	6.562,50	2.187,50	1.093,75	437,50
2.700.000	4.455,00	8.910,00	6.682,50	2.227,50	1.113,75	445,50
2.750.000	4.535,00	9.070,00	6.802,50	2.267,50	1.133,75	453,50
2.800.000	4.615,00	9.230,00	6.922,50	2.307,50	1.153,75	461,50
2.850.000	4.695,00	9.390,00	7.042,50	2.347,50	1.173,75	469,50
2.900.000	4.775,00	9.550,00	7.162,50	2.387,50	1.193,75	477,50
2.950.000	4.855,00	9.710,00	7.282,50	2.427,50	1.213,75	485,50
3.000.000	4.935,00	9.870,00	7.402,50	2.467,50	1.233,75	493,50
3.050.000	5.015,00	10.030,00	7.522,50	2.507,50	1.253,75	501,50
3.100.000	5.095,00	10.190,00	7.642,50	2.547,50	1.273,75	509,50
3.150.000	5.175,00	10.350,00	7.762,50	2.587,50	1.293,75	517,50
3.200.000	5.255,00	10.510,00	7.882,50	2.627,50	1.313,75	525,50
3.250.000	5.335,00	10.670,00	8.002,50	2.667,50	1.333,75	533,50
3.300.000	5.415,00	10.830,00	8.122,50	2.707,50	1.353,75	541,50
3.350.000	5.495,00	10.990,00	8.242,50	2.747,50	1.373,75	549,50
3.400.000	5.575,00	11.150,00	8.362,50	2.787,50	1.393,75	557,50
3.450.000	5.655,00	11.310,00	8.482,50	2.827,50	1.413,75	565,50
3.500.000	5.735,00	11.470,00	8.602,50	2.867,50	1.433,75	573,50
3.550.000	5.815,00	11.630,00	8.722,50	2.907,50	1.453,75	581,50
3.600.000	5.895,00	11.790,00	8.842,50	2.947,50	1.473,75	589,50
3.650.000	5.975,00	11.950,00	8.962,50	2.987,50	1.493,75	597,50
3.700.000	6.055,00	12.110,00	9.082,50	3.027,50	1.513,75	605,50
3.750.000	6.135,00	12.270,00	9.202,50	3.067,50	1.533,75	613,50
3.800.000	6.215,00	12.430,00	9.322,50	3.107,50	1.553,75	621,50
3.850.000	6.295,00	12.590,00	9.442,50	3.147,50	1.573,75	629,50
3.900.000	6.375,00	12.750,00	9.562,50	3.187,50	1.593,75	637,50
3.950.000	6.455,00	12.910,00	9.682,50	3.227,50	1.613,75	645,50
4.000.000	6.535,00	13.070,00	9.802,50	3.267,50	1.633,75	653,50
4.050.000	6.615,00	13.230,00	9.922,50	3.307,50	1.653,75	661,50
4.100.000	6.695,00	13.390,00	10.042,50	3.347,50	1.673,75	669,50

Wert bis ... €	1,00	2,00	1,50	0,50	0,25	0,10
4.150.000	6.775,00	13.550,00	10.162,50	3.387,50	1.693,75	677,50
4.200.000	6.855,00	13.710,00	10.282,50	3.427,50	1.713,75	685,50
4.250.000	6.935,00	13.870,00	10.402,50	3.467,50	1.733,75	693,50
4.300.000	7.015,00	14.030,00	10.522,50	3.507,50	1.753,75	701,50
4.350.000	7.095,00	14.190,00	10.642,50	3.547,50	1.773,75	709,50
4.400.000	7.175,00	14.350,00	10.762,50	3.587,50	1.793,75	717,50
4.450.000	7.255,00	14.510,00	10.882,50	3.627,50	1.813,75	725,50
4.500.000	7.335,00	14.670,00	11.002,50	3.667,50	1.833,75	733,50
4.550.000	7.415,00	14.830,00	11.122,50	3.707,50	1.853,75	741,50
4.600.000	7.495,00	14.990,00	11.242,50	3.747,50	1.873,75	749,50
4.650.000	7.575,00	15.150,00	11.362,50	3.787,50	1.893,75	757,50
4.700.000	7.655,00	15.310,00	11.482,50	3.827,50	1.913,75	765,50
4.750.000	7.735,00	15.470,00	11.602,50	3.867,50	1.933,75	773,50
4.800.000	7.815,00	15.630,00	11.722,50	3.907,50	1.953,75	781,50
4.850.000	7.895,00	15.790,00	11.842,50	3.947,50	1.973,75	789,50
4.900.000	7.975,00	15.950,00	11.962,50	3.987,50	1.993,75	797,50
4.950.000	8.055,00	16.110,00	12.082,50	4.027,50	2.013,75	805,50
5.000.000	8.135,00	16.270,00	12.202,50	4.067,50	2.033,75	813,50

Weitere Gebührenstaffelungen wie folgt:

Geschäftswert bis 10.000.000 € Erhöhung 130,00 € für jeden weiteren angefangenen Betrag von 200.000,00 €

Geschäftswert bis 20.000.000 € Erhöhung 150,00 € für jeden weiteren angefangenen Betrag von 250.000,00 €

Geschäftswert bis 30.000.000 € Erhöhung 280,00 € für jeden weiteren angefangenen Betrag von 500.000,00 €

Geschäftswert über 30.000.000 € Erhöhung 120,00 € für jeden weiteren angefangenen Betrag von 1.000.000,00 €

vgl. auch Tabelle A § 34 GNotKG

Kosten (Gebühren und Auslagen nach § 9 GvKostG – Auszug)

Abschnitt 1 Zustellung auf Betreiben der Parteien (§ 191 ZPO)

100	Persönliche Zustellung durch GV	16,00
101	Zustellung als elektronisches Dokument (§ 193 ZPO)	12,50
600	Bei Nichterledigung	3,00
102	Sonstige Zustellung (auch bei Nichterledigung, Nr. 600)	7,50

Abschnitt 2 Vollstreckung

200	Vorpfändung (§ 845 Abs. 1 Satz 2 ZPO)	19,20
205	Pfändung	31,20
206	Übernahme zur Verwertung	19,20
207	Versuch einer gütlichen Erledigung der Sache (§ 802b ZPO)	19,20
210	Vollstreckungsauftrag von anderem GV	19,20
220	Entfernung von Pfandstücken	19,20
221	Wegnahme beweglicher Sachen	31,20
604	Bei Nichterledigung	18,00
230	Wegnahme einer Person	62,40
240	Entsetzung aus / Einweisung in Besitz (§ 885 ZPO)	163,50
602	Bei Nichterledigung	38,40
243	Übergabe unbeweglicher Sachen an Verwalter	117,50
602	Bei Nichterledigung	38,40
250	Zuziehung bei Schuldner-Widerstand (§ 892 ZPO)	62,40
260	Abnahme der Vermögensauskunft nach den §§ 802c, 802d Abs. 1 oder nach § 807 ZPO oder der eidesstattlichen Versicherung nach § 836 Abs. 3 oder § 883 Abs. 2 ZPO	39,50
261	Übermittlung Vermögensverzeichnis an Drittgläubiger (§ 802d Abs. 1 Satz 2, Abs. 2 ZPO)	39,50
262	Abnahme der eidesstattlichen Versicherung nach § 836 Abs. 3 oder § 883 Abs. 2 ZPO	45,60
270	Verhaftung, Nachverhaftung, zwangsweise Vorführung	46,80
604	Bei Nichterledigung	18,00

Abschnitt 3 Verwertung

300	Versteigerung oder Verkauf oder Verwertung in anderer Weise nach § 825 Abs. 1 ZPO	62,40
301	Öffentliche Verpachtung an den Meistbietenden	62,40
302	Neuer Versteigerungs- oder Verpachtungstermin	12,00
310	Mitwirken bei der Versteigerung durch einen Dritten (§ 825 Abs. 2 ZPO)	19,20

Abschnitt 4 Besondere Geschäfte

401	Feststellung der Mieter oder Pächter je festgestellte Person	8,40
410	Tatsächliches Angebot einer Leistung außerhalb der Zwangsvollstreckung	19,20
604	Bei Nichterledigung	18,00
411	Beurkundung eines Leistungsangebots (nicht zusammen mit 410)	8,40
603	Bei Nichterledigung	7,20
420	Entfernung von Gegenständen aus dem Gewahrsam	19,20
604	Bei Nichterledigung	18,00
430	Entgegennahme einer Zahlung	4,80
440	Einholung Auskunft § 755 Abs. 2 ZPO (Ausländerzentralregister, Rentenversicherung, Kraftfahrzeug-Bundesamt)	15,60
441	Einholung Auskunft § 755 Abs. 1 ZPO (Anfragen beim Melderegister u.a.)	6,00

Abschnitt 5 Zeitzuschlag

500	Zeitzuschlag, wenn Erledigung vor Ort mehr als 3 Stunden, für jede weitere angefangene Stunde	24,00

Abschnitt 6 Nicht erledigte Amtshandlung

604	Nichterledigte Amtshandlung der Nummern 200 bis 221, 250 bis 301, 310 (nicht aber bei Nr. 260, wenn deshalb nicht abgenommen, weil Schuldner innerhalb der letzten zwei Jahre bereits abgegeben, § 903 ZPO)	18,00

Abschnitt 7 Auslagen

700	Pauschale für die Herstellung und Überlassung von Dokumenten: 1. Ablichtungen und Ausdrucke, a) die auf Antrag angefertigt oder per Telefax übermittelt werden, b) die angefertigt werden, weil der Auftraggeber es unterlassen hat, die erforderliche Zahl von Mehrfertigungen beizufügen:	
	für die ersten 50 Seiten, je Seite	0,50
	für jede weitere Seite	0,15
	für die ersten 50 Seiten in Farbe, je Seite	1,00
	für jede weitere Seite in Farbe	0,30
	2. Überlassung von elektronisch gespeicherten Dateien anstelle der in Nummer 1 genannten Ablichtungen und Ausdrucke:	
	je Datei	1,50
	Für die in einem Arbeitsgang überlassenen, bereitgestellten oder in einem Arbeitsgang auf einen Datenträger übertragenen Dokumente insgesamt höchstens	5,00
701	Entgelte für Zustellungen mit Zustellungsurkunde	in voller Höhe

702	Auslagen für öffentliche Bekanntmachungen und Einstellung eines Angebots auf einer Versteigerungsplattform zur Versteigerung im Internet	in voller Höhe
703	Nach dem JVEG an Zeugen, Sachverständige, Dolmetscher und Übersetzer zu zahlende Beträge	in voller Höhe
704	An die zum Öffnen von Türen und Behältnissen sowie an die zur Durchsuchung von Schuldnern zugezogenen Personen zu zahlende Beträge	in voller Höhe
705	Kosten für die Umschreibung eines auf den Namen lautenden Wertpapiers oder für die Wiederinkurssetzung eines Inhaberpapiers	in voller Höhe
706	Kosten, die von einem Kreditinstitut erhoben werden, weil ein Scheck des Vollstreckungsschuldners nicht eingelöst wird	in voller Höhe
707	An Dritte zu zahlende Beträge für die Beförderung von Personen, Tieren und Sachen, das Verwahren von Tieren und Sachen, das Füttern von Tieren, die Beaufsichtigung von Sachen sowie das Abernten von Früchten. Diese Vorschrift ist nicht anzuwenden bei dem Transport von Sachen oder Tieren an den Ersteher oder an einen von diesem benannten Dritten im Rahmen der Verwertung.	in voller Höhe
708	An deutsche Behörden für die Erfüllung von deren eigenen Aufgaben zu zahlende Gebühren sowie diejenigen Auslagen, die diesen Behörden, öffentlichen Einrichtungen oder Bediensteten als Ersatz für Auslagen der in den Nummern 700 und 701 bezeichneten Art zustehen	in voller Höhe
709	Kosten für Arbeitshilfen	in voller Höhe
710	Pauschale für die Benutzung von eigenen Beförderungsmitteln zur Beförderung von Personen und Sachen je Fahrt	6,00
711	Wegegeld je Auftrag für zurückgelegte Wegstrecken, wenn sich aus einer Rechtsverordnung nach § 12a GvKostG nichts anderes ergibt,	
	Stufe 1: bis zu 10 Kilometer	3,25
	Stufe 2: von mehr als 10 Kilometer bis zu 20 Kilometer	6,50
	Stufe 3: von mehr als 20 Kilometer bis zu 30 Kilometer	9,75
	Stufe 4: von mehr als 30 Kilometer bis 40 Kilometer	13,00
	Stufe 5: von mehr als 40 Kilometern	16,25
716	Pauschale für sonstige bare Auslagen je Auftrag	20% der zu erhebenden Gebühren, mindestens 3,00 €, höchstens 10,00 €

GV Kosten

Nettolohn monatlich in €			Pfändbarer Betrag bei Unterhaltspflicht für … Personen					
			0	1	2	3	4	5 und mehr
	bis	1 559,99	–	–	–	–	–	–
1 560,00	bis	1 569,99	3,50	–	–	–	–	–
1 570,00	bis	1 579,99	10,50	–	–	–	–	–
1 580,00	bis	1 589,99	17,50	–	–	–	–	–
1 590,00	bis	1 599,99	24,50	–	–	–	–	–
1 600,00	bis	1 609,99	31,50	–	–	–	–	–
1 610,00	bis	1 619,99	38,50	–	–	–	–	–
1 620,00	bis	1 629,99	45,50	–	–	–	–	–
1 630,00	bis	1 639,99	52,50	–	–	–	–	–
1 640,00	bis	1 649,99	59,50	–	–	–	–	–
1 650,00	bis	1 659,99	66,50	–	–	–	–	–
1 660,00	bis	1 669,99	73,50	–	–	–	–	–
1 670,00	bis	1 679,99	80,50	–	–	–	–	–
1 680,00	bis	1 689,99	87,50	–	–	–	–	–
1 690,00	bis	1 699,99	94,50	–	–	–	–	–
1 700,00	bis	1 709,99	101,50	–	–	–	–	–
1 710,00	bis	1 719,99	108,50	–	–	–	–	–
1 720,00	bis	1 729,99	115,50	–	–	–	–	–
1 730,00	bis	1 739,99	122,50	–	–	–	–	–
1 740,00	bis	1 749,99	129,50	–	–	–	–	–
1 750,00	bis	1 759,99	136,50	–	–	–	–	–
1 760,00	bis	1 769,99	143,50	–	–	–	–	–
1 770,00	bis	1 779,99	150,50	–	–	–	–	–
1 780,00	bis	1 789,99	157,50	–	–	–	–	–
1 790,00	bis	1 799,99	164,50	–	–	–	–	–
1 800,00	bis	1 809,99	171,50	–	–	–	–	–
1 810,00	bis	1 819,99	178,50	–	–	–	–	–
1 820,00	bis	1 829,99	185,50	–	–	–	–	–
1 830,00	bis	1 839,99	192,50	–	–	–	–	–
1 840,00	bis	1 849,99	199,50	–	–	–	–	–
1 850,00	bis	1 859,99	206,50	–	–	–	–	–
1 860,00	bis	1 869,99	213,50	–	–	–	–	–
1 870,00	bis	1 879,99	220,50	–	–	–	–	–
1 880,00	bis	1 889,99	227,50	–	–	–	–	–
1 890,00	bis	1 899,99	234,50	–	–	–	–	–
1 900,00	bis	1 909,99	241,50	–	–	–	–	–
1 910,00	bis	1 919,99	248,50	–	–	–	–	–
1 920,00	bis	1 929,99	255,50	–	–	–	–	–

Nettolohn monatlich in €			Pfändbarer Betrag bei Unterhaltspflicht für ... Personen					
			0	1	2	3	4	5 und mehr
1930,00	bis	1939,99	262,50	–	–	–	–	–
1940,00	bis	1949,99	269,50	–	–	–	–	–
1950,00	bis	1959,99	276,50	–	–	–	–	–
1960,00	bis	1969,99	283,50	–	–	–	–	–
1970,00	bis	1979,99	290,50	–	–	–	–	–
1980,00	bis	1989,99	297,50	–	–	–	–	–
1990,00	bis	1999,99	304,50	–	–	–	–	–
2000,00	bis	2009,99	311,50	–	–	–	–	–
2010,00	bis	2019,99	318,50	–	–	–	–	–
2020,00	bis	2029,99	325,50	–	–	–	–	–
2030,00	bis	2039,99	332,50	–	–	–	–	–
2040,00	bis	2049,99	339,50	–	–	–	–	–
2050,00	bis	2059,99	346,50	–	–	–	–	–
2060,00	bis	2069,99	353,50	–	–	–	–	–
2070,00	bis	2079,99	360,50	–	–	–	–	–
2080,00	bis	2089,99	367,50	–	–	–	–	–
2090,00	bis	2099,99	374,50	–	–	–	–	–
2100,00	bis	2109,99	381,50	–	–	–	–	–
2110,00	bis	2119,99	388,50	–	–	–	–	–
2120,00	bis	2129,99	395,50	–	–	–	–	–
2130,00	bis	2139,99	402,50	–	–	–	–	–
2140,00	bis	2149,99	409,50	–	–	–	–	–
2150,00	bis	2159,99	416,50	4,89	–	–	–	–
2160,00	bis	2169,99	423,50	9,89	–	–	–	–
2170,00	bis	2179,99	430,50	14,89	–	–	–	–
2180,00	bis	2189,99	437,50	19,89	–	–	–	–
2190,00	bis	2199,99	444,50	24,89	–	–	–	–
2200,00	bis	2209,99	451,50	29,89	–	–	–	–
2210,00	bis	2219,99	458,50	34,89	–	–	–	–
2220,00	bis	2229,99	465,50	39,89	–	–	–	–
2230,00	bis	2239,99	472,50	44,89	–	–	–	–
2240,00	bis	2249,99	479,50	49,89	–	–	–	–
2250,00	bis	2259,99	486,50	54,89	–	–	–	–
2260,00	bis	2269,99	493,50	59,89	–	–	–	–
2270,00	bis	2279,99	500,50	64,89	–	–	–	–
2280,00	bis	2289,99	507,50	69,89	–	–	–	–
2290,00	bis	2299,99	514,50	74,89	–	–	–	–
2300,00	bis	2309,99	521,50	79,89	–	–	–	–

Nettolohn monatlich in €			Pfändbarer Betrag bei Unterhaltspflicht für … Personen					
			0	1	2	3	4	5 und mehr
2 310,00	bis	2 319,99	528,50	84,89	–	–	–	–
2 320,00	bis	2 329,99	535,50	89,89	–	–	–	–
2 330,00	bis	2 339,99	542,50	94,89	–	–	–	–
2 340,00	bis	2 349,99	549,50	99,89	–	–	–	–
2 350,00	bis	2 359,99	556,50	104,89	–	–	–	–
2 360,00	bis	2 369,99	563,50	109,89	–	–	–	–
2 370,00	bis	2 379,99	570,50	114,89	–	–	–	–
2 380,00	bis	2 389,99	577,50	119,89	–	–	–	–
2 390,00	bis	2 399,99	584,50	124,89	–	–	–	–
2 400,00	bis	2 409,99	591,50	129,89	–	–	–	–
2 410,00	bis	2 419,99	598,50	134,89	–	–	–	–
2 420,00	bis	2 429,99	605,50	139,89	–	–	–	–
2 430,00	bis	2 439,99	612,50	144,89	–	–	–	–
2 440,00	bis	2 449,99	619,50	149,89	–	–	–	–
2 450,00	bis	2 459,99	626,50	154,89	–	–	–	–
2 460,00	bis	2 469,99	633,50	159,89	–	–	–	–
2 470,00	bis	2 479,99	640,50	164,89	1,49	–	–	–
2 480,00	bis	2 489,99	647,50	169,89	5,49	–	–	–
2 490,00	bis	2 499,99	654,50	174,89	9,49	–	–	–
2 500,00	bis	2 509,99	661,50	179,89	13,49	–	–	–
2 510,00	bis	2 519,99	668,50	184,89	17,49	–	–	–
2 520,00	bis	2 529,99	675,50	189,89	21,49	–	–	–
2 530,00	bis	2 539,99	682,50	194,89	25,49	–	–	–
2 540,00	bis	2 549,99	689,50	199,89	29,49	–	–	–
2 550,00	bis	2 559,99	696,50	204,89	33,49	–	–	–
2 560,00	bis	2 569,99	703,50	209,89	37,49	–	–	–
2 570,00	bis	2 579,99	710,50	214,89	41,49	–	–	–
2 580,00	bis	2 589,99	717,50	219,89	45,49	–	–	–
2 590,00	bis	2 599,99	724,50	224,89	49,49	–	–	–
2 600,00	bis	2 609,99	731,50	229,89	53,49	–	–	–
2 610,00	bis	2 619,99	738,50	234,89	57,49	–	–	–
2 620,00	bis	2 629,99	745,50	239,89	61,49	–	–	–
2 630,00	bis	2 639,99	752,50	244,89	65,49	–	–	–
2 640,00	bis	2 649,99	759,50	249,89	69,49	–	–	–
2 650,00	bis	2 659,99	766,50	254,89	73,49	–	–	–
2 660,00	bis	2 669,99	773,50	259,89	77,49	–	–	–
2 670,00	bis	2 679,99	780,50	264,89	81,49	–	–	–
2 680,00	bis	2 689,99	787,50	269,89	85,49	–	–	–

Nettolohn monatlich in €			Pfändbarer Betrag bei Unterhaltspflicht für … Personen					
			0	1	2	3	4	5 und mehr
2690,00	bis	2699,99	794,50	274,89	89,49	–	–	–
2700,00	bis	2709,99	801,50	279,89	93,49	–	–	–
2710,00	bis	2719,99	808,50	284,89	97,49	–	–	–
2720,00	bis	2729,99	815,50	289,89	101,49	–	–	–
2730,00	bis	2739,99	822,50	294,89	105,49	–	–	–
2740,00	bis	2749,99	829,50	299,89	109,49	–	–	–
2750,00	bis	2759,99	836,50	304,89	113,49	–	–	–
2760,00	bis	2769,99	843,50	309,89	117,49	–	–	–
2770,00	bis	2779,99	850,50	314,89	121,49	–	–	–
2780,00	bis	2789,99	857,50	319,89	125,49	–	–	–
2790,00	bis	2799,99	864,50	324,89	129,49	–	–	–
2800,00	bis	2809,99	871,50	329,89	133,49	2,31	–	–
2810,00	bis	2819,99	878,50	334,89	137,49	5,31	–	–
2820,00	bis	2829,99	885,50	339,89	141,49	8,31	–	–
2830,00	bis	2839,99	892,50	344,89	145,49	11,31	–	–
2840,00	bis	2849,99	899,50	349,89	149,49	14,31	–	–
2850,00	bis	2859,99	906,50	354,89	153,49	17,31	–	–
2860,00	bis	2869,99	913,50	359,89	157,49	20,31	–	–
2870,00	bis	2879,99	920,50	364,89	161,49	23,31	–	–
2880,00	bis	2889,99	927,50	369,89	165,49	26,31	–	–
2890,00	bis	2899,99	934,50	374,89	169,49	29,31	–	–
2900,00	bis	2909,99	941,50	379,89	173,49	32,31	–	–
2910,00	bis	2919,99	948,50	384,89	177,49	35,31	–	–
2920,00	bis	2929,99	955,50	389,89	181,49	38,31	–	–
2930,00	bis	2939,99	962,50	394,89	185,49	41,31	–	–
2940,00	bis	2949,99	969,50	399,89	189,49	44,31	–	–
2950,00	bis	2959,99	976,50	404,89	193,49	47,31	–	–
2960,00	bis	2969,99	983,50	409,89	197,49	50,31	–	–
2970,00	bis	2979,99	990,50	414,89	201,49	53,31	–	–
2980,00	bis	2989,99	997,50	419,89	205,49	56,31	–	–
2990,00	bis	2999,99	1004,50	424,89	209,49	59,31	–	–
3000,00	bis	3009,99	1011,50	429,89	213,49	62,31	–	–
3010,00	bis	3019,99	1018,50	434,89	217,49	65,31	–	–
3020,00	bis	3029,99	1025,50	439,89	221,49	68,31	–	–
3030,00	bis	3039,99	1032,50	444,89	225,49	71,31	–	–
3040,00	bis	3049,99	1039,50	449,89	229,49	74,31	–	–
3050,00	bis	3059,99	1046,50	454,89	233,49	77,31	–	–
3060,00	bis	3069,99	1053,50	459,89	237,49	80,31	–	–

Nettolohn monatlich in €			Pfändbarer Betrag bei Unterhaltspflicht für ... Personen					
			0	1	2	3	4	5 und mehr
3 070,00	bis	3 079,99	1 060,50	464,89	241,49	83,31	–	–
3 080,00	bis	3 089,99	1 067,50	469,89	245,49	86,31	–	–
3 090,00	bis	3 099,99	1 074,50	474,89	249,49	89,31	–	–
3 100,00	bis	3 109,99	1 081,50	479,89	253,49	92,31	–	–
3 110,00	bis	3 119,99	1 088,50	484,89	257,49	95,31	–	–
3 120,00	bis	3 129,99	1 095,50	489,89	261,49	98,31	0,33	–
3 130,00	bis	3 139,99	1 102,50	494,89	265,49	101,31	2,33	–
3 140,00	bis	3 149,99	1 109,50	499,89	269,49	104,31	4,33	–
3 150,00	bis	3 159,99	1 116,50	504,89	273,49	107,31	6,33	–
3 160,00	bis	3 169,99	1 123,50	509,89	277,49	110,31	8,33	–
3 170,00	bis	3 179,99	1 130,50	514,89	281,49	113,31	10,33	–
3 180,00	bis	3 189,99	1 137,50	519,89	285,49	116,31	12,33	–
3 190,00	bis	3 199,99	1 144,50	524,89	289,49	119,31	14,33	–
3 200,00	bis	3 209,99	1 151,50	529,89	293,49	122,31	16,33	–
3 210,00	bis	3 219,99	1 158,50	534,89	297,49	125,31	18,33	–
3 220,00	bis	3 229,99	1 165,50	539,89	301,49	128,31	20,33	–
3 230,00	bis	3 239,99	1 172,50	544,89	305,49	131,31	22,33	–
3 240,00	bis	3 249,99	1 179,50	549,89	309,49	134,31	24,33	–
3 250,00	bis	3 259,99	1 186,50	554,89	313,49	137,31	26,33	–
3 260,00	bis	3 269,99	1 193,50	559,89	317,49	140,31	28,33	–
3 270,00	bis	3 279,99	1 200,50	564,89	321,49	143,31	30,33	–
3 280,00	bis	3 289,99	1 207,50	569,89	325,49	146,31	32,33	–
3 290,00	bis	3 299,99	1 214,50	574,89	329,49	149,31	34,33	–
3 300,00	bis	3 309,99	1 221,50	579,89	333,49	152,31	36,33	–
3 310,00	bis	3 319,99	1 228,50	584,89	337,49	155,31	38,33	–
3 320,00	bis	3 329,99	1 235,50	589,89	341,49	158,31	40,33	–
3 330,00	bis	3 339,99	1 242,50	594,89	345,49	161,31	42,33	–
3 340,00	bis	3 349,99	1 249,50	599,89	349,49	164,31	44,33	–
3 350,00	bis	3 359,99	1 256,50	604,89	353,49	167,31	46,33	–
3 360,00	bis	3 369,99	1 263,50	609,89	357,49	170,31	48,33	–
3 370,00	bis	3 379,99	1 270,50	614,89	361,49	173,31	50,33	–
3 380,00	bis	3 389,99	1 277,50	619,89	365,49	176,31	52,33	–
3 390,00	bis	3 399,99	1 284,50	624,89	369,49	179,31	54,33	–
3 400,00	bis	3 409,99	1 291,50	629,89	373,49	182,31	56,33	–
3 410,00	bis	3 419,99	1 298,50	634,89	377,49	185,31	58,33	–
3 420,00	bis	3 429,99	1 305,50	639,89	381,49	188,31	60,33	–
3 430,00	bis	3 439,99	1 312,50	644,89	385,49	191,31	62,33	–
3 440,00	bis	3 449,99	1 319,50	649,89	389,49	194,31	64,33	–

Nettolohn monatlich in €			Pfändbarer Betrag bei Unterhaltspflicht für … Personen					
			0	1	2	3	4	5 und mehr
3450,00	bis	3459,99	1326,50	654,89	393,49	197,31	66,33	0,56
3460,00	bis	3469,99	1333,50	659,89	397,49	200,31	68,33	1,56
3470,00	bis	3479,99	1340,50	664,89	401,49	203,31	70,33	2,56
3480,00	bis	3489,99	1347,50	669,89	405,49	206,31	72,33	3,56
3490,00	bis	3499,99	1354,50	674,89	409,49	209,31	74,33	4,56
3500,00	bis	3509,99	1361,50	679,89	413,49	212,31	76,33	5,56
3510,00	bis	3519,99	1368,50	684,89	417,49	215,31	78,33	6,56
3520,00	bis	3529,99	1375,50	689,89	421,49	218,31	80,33	7,56
3530,00	bis	3539,99	1382,50	694,89	425,49	221,31	82,33	8,56
3540,00	bis	3549,99	1389,50	699,89	429,49	224,31	84,33	9,56
3550,00	bis	3559,99	1396,50	704,89	433,49	227,31	86,33	10,56
3560,00	bis	3569,99	1403,50	709,89	437,49	230,31	88,33	11,56
3570,00	bis	3579,99	1410,50	714,89	441,49	233,31	90,33	12,56
3580,00	bis	3589,99	1417,50	719,89	445,49	236,31	92,33	13,56
3590,00	bis	3599,99	1424,50	724,89	449,49	239,31	94,33	14,56
3600,00	bis	3609,99	1431,50	729,89	453,49	242,31	96,33	15,56
3610,00	bis	3619,99	1438,50	734,89	457,49	245,31	98,33	16,56
3620,00	bis	3629,99	1445,50	739,89	461,49	248,31	100,33	17,56
3630,00	bis	3639,99	1452,50	744,89	465,49	251,31	102,33	18,56
3640,00	bis	3649,99	1459,50	749,89	469,49	254,31	104,33	19,56
3650,00	bis	3659,99	1466,50	754,89	473,49	257,31	106,33	20,56
3660,00	bis	3669,99	1473,50	759,89	477,49	260,31	108,33	21,56
3670,00	bis	3679,99	1480,50	764,89	481,49	263,31	110,33	22,56
3680,00	bis	3689,99	1487,50	769,89	485,49	266,31	112,33	23,56
3690,00	bis	3699,99	1494,50	774,89	489,49	269,31	114,33	24,56
3700,00	bis	3709,99	1501,50	779,89	493,49	272,31	116,33	25,56
3710,00	bis	3719,99	1508,50	784,89	497,49	275,31	118,33	26,56
3720,00	bis	3729,99	1515,50	789,89	501,49	278,31	120,33	27,56
3730,00	bis	3739,99	1522,50	794,89	505,49	281,31	122,33	28,56
3740,00	bis	3749,99	1529,50	799,89	509,49	284,31	124,33	29,56
3750,00	bis	3759,99	1536,50	804,89	513,49	287,31	126,33	30,56
3760,00	bis	3769,99	1543,50	809,89	517,49	290,31	128,33	31,56
3770,00	bis	3779,99	1550,50	814,89	521,49	293,31	130,33	32,56
3780,00	bis	3789,99	1557,50	819,89	525,49	296,31	132,33	33,56
3790,00	bis	3799,99	1564,50	824,89	529,49	299,31	134,33	34,56
3800,00	bis	3809,99	1571,50	829,89	533,49	302,31	136,33	35,56
3810,00	bis	3819,99	1578,50	834,89	537,49	305,31	138,33	36,56
3820,00	bis	3829,99	1585,50	839,89	541,49	308,31	140,33	37,56

Nettolohn monatlich in €			Pfändbarer Betrag bei Unterhaltspflicht für ... Personen					
			0	1	2	3	4	5 und mehr
3830,00	bis	3839,99	1592,50	844,89	545,49	311,31	142,33	38,56
3840,00	bis	3849,99	1599,50	849,89	549,49	314,31	144,33	39,56
3850,00	bis	3859,99	1606,50	854,89	553,49	317,31	146,33	40,56
3860,00	bis	3869,99	1613,50	859,89	557,49	320,31	148,33	41,56
3870,00	bis	3879,99	1620,50	864,89	561,49	323,31	150,33	42,56
3880,00	bis	3889,99	1627,50	869,89	565,49	326,31	152,33	43,56
3890,00	bis	3899,99	1634,50	874,89	569,49	329,31	154,33	44,56
3900,00	bis	3909,99	1641,50	879,89	573,49	332,31	156,33	45,56
3910,00	bis	3919,99	1648,50	884,89	577,49	335,31	158,33	46,56
3920,00	bis	3929,99	1655,50	889,89	581,49	338,31	160,33	47,56
3930,00	bis	3939,99	1662,50	894,89	585,49	341,31	162,33	48,56
3940,00	bis	3949,99	1669,50	899,89	589,49	344,31	164,33	49,56
3950,00	bis	3959,99	1676,50	904,89	593,49	347,31	166,33	50,56
3960,00	bis	3969,99	1683,50	909,89	597,49	350,31	168,33	51,56
3970,00	bis	3979,99	1690,50	914,89	601,49	353,31	170,33	52,56
3980,00	bis	3989,99	1697,50	919,89	605,49	356,31	172,33	53,56
3990,00	bis	3999,99	1704,50	924,89	609,49	359,31	174,33	54,56
4000,00	bis	4009,99	1711,50	929,89	613,49	362,31	176,33	55,56
4010,00	bis	4019,99	1718,50	934,89	617,49	365,31	178,33	56,56
4020,00	bis	4029,99	1725,50	939,89	621,49	368,31	180,33	57,56
4030,00	bis	4039,99	1732,50	944,89	625,49	371,31	182,33	58,56
4040,00	bis	4049,99	1739,50	949,89	629,49	374,31	184,33	59,56
4050,00	bis	4059,99	1746,50	954,89	633,49	377,31	186,33	60,56
4060,00	bis	4069,99	1753,50	959,89	637,49	380,31	188,33	61,56
4070,00	bis	4079,99	1760,50	964,89	641,49	383,31	190,33	62,56
4080,00	bis	4089,99	1767,50	969,89	645,49	386,31	192,33	63,56
4090,00	bis	4099,99	1774,50	974,89	649,49	389,31	194,33	64,56
4100,00	bis	4109,99	1781,50	979,89	653,49	392,31	196,33	65,56
4110,00	bis	4119,99	1788,50	984,89	657,49	395,31	198,33	66,56
4120,00	bis	4129,99	1795,50	989,89	661,49	398,31	200,33	67,56
4130,00	bis	4139,99	1802,50	994,89	665,49	401,31	202,33	68,56
4140,00	bis	4149,99	1809,50	999,89	669,49	404,31	204,33	69,56
4150,00	bis	4159,99	1816,50	1004,89	673,49	407,31	206,33	70,56
4160,00	bis	4169,99	1823,50	1009,89	677,49	410,31	208,33	71,56
4170,00	bis	4179,99	1830,50	1014,89	681,49	413,31	210,33	72,56
4180,00	bis	4189,99	1837,50	1019,89	685,49	416,31	212,33	73,56
4190,00	bis	4199,99	1844,50	1024,89	689,49	419,31	214,33	74,56
4200,00	bis	4209,99	1851,50	1029,89	693,49	422,31	216,33	75,56

Nettolohn monatlich in €			Pfändbarer Betrag bei Unterhaltspflicht für … Personen					
			0	1	2	3	4	5 und mehr
4210,00	bis	4219,99	1858,50	1034,89	697,49	425,31	218,33	76,56
4220,00	bis	4229,99	1865,50	1039,89	701,49	428,31	220,33	77,56
4230,00	bis	4239,99	1872,50	1044,89	705,49	431,31	222,33	78,56
4240,00	bis	4249,99	1879,50	1049,89	709,49	434,31	224,33	79,56
4250,00	bis	4259,99	1886,50	1054,89	713,49	437,31	226,33	80,56
4260,00	bis	4269,99	1893,50	1059,89	717,49	440,31	228,33	81,56
4270,00	bis	4279,99	1900,50	1064,89	721,49	443,31	230,33	82,56
4280,00	bis	4289,99	1907,50	1069,89	725,49	446,31	232,33	83,56
4290,00	bis	4299,99	1914,50	1074,89	729,49	449,31	234,33	84,56
4300,00	bis	4309,99	1921,50	1079,89	733,49	452,31	236,33	85,56
4310,00	bis	4319,99	1928,50	1084,89	737,49	455,31	238,33	86,56
4320,00	bis	4329,99	1935,50	1089,89	741,49	458,31	240,33	87,56
4330,00	bis	4339,99	1942,50	1094,89	745,49	461,31	242,33	88,56
4340,00	bis	4349,99	1949,50	1099,89	749,49	464,31	244,33	89,56
4350,00	bis	4359,99	1956,50	1104,89	753,49	467,31	246,33	90,56
4360,00	bis	4369,99	1963,50	1109,89	757,49	470,31	248,33	91,56
4370,00	bis	4379,99	1970,50	1114,89	761,49	473,31	250,33	92,56
4380,00	bis	4389,99	1977,50	1119,89	765,49	476,31	252,33	93,56
4390,00	bis	4399,99	1984,50	1124,89	769,49	479,31	254,33	94,56
4400,00	bis	4409,99	1991,50	1129,89	773,49	482,31	256,33	95,56
4410,00	bis	4419,99	1998,50	1134,89	777,49	485,31	258,33	96,56
4420,00	bis	4429,99	2005,50	1139,89	781,49	488,31	260,33	97,56
4430,00	bis	4439,99	2012,50	1144,89	785,49	491,31	262,33	98,56
4440,00	bis	4449,99	2019,50	1149,89	789,49	494,31	264,33	99,56
4450,00	bis	4459,99	2026,50	1154,89	793,49	497,31	266,33	100,56
4460,00	bis	4469,99	2033,50	1159,89	797,49	500,31	268,33	101,56
4470,00	bis	4479,99	2040,50	1164,89	801,49	503,31	270,33	102,56
4480,00	bis	4489,99	2047,50	1169,89	805,49	506,31	272,33	103,56
4490,00	bis	4499,99	2054,50	1174,89	809,49	509,31	274,33	104,56
4500,00	bis	4509,99	2061,50	1179,89	813,49	512,31	276,33	105,56
4510,00	bis	4519,99	2068,50	1184,89	817,49	515,31	278,33	106,56
4520,00	bis	4529,99	2075,50	1189,89	821,49	518,31	280,33	107,56
4530,00	bis	4539,99	2082,50	1194,89	825,49	521,31	282,33	108,56
4540,00	bis	4549,99	2089,50	1199,89	829,49	524,31	284,33	109,56
4550,00	bis	4559,99	2096,50	1204,89	833,49	527,31	286,33	110,56
4560,00	bis	4569,99	2103,50	1209,89	837,49	530,31	288,33	111,56
4570,00	bis	4579,99	2110,50	1214,89	841,49	533,31	290,33	112,56
4580,00	bis	4589,99	2117,50	1219,89	845,49	536,31	292,33	113,56

Pfändungstabelle

Nettolohn monatlich in €			Pfändbarer Betrag bei Unterhaltspflicht für … Personen					
			0	1	2	3	4	5 und mehr
4590,00	bis	4599,99	2124,50	1224,89	849,49	539,31	294,33	114,56
4600,00	bis	4609,99	2131,50	1229,89	853,49	542,31	296,33	115,56
4610,00	bis	4619,99	2138,50	1234,89	857,49	545,31	298,33	116,56
4620,00	bis	4629,99	2145,50	1239,89	861,49	548,31	300,33	117,56
4630,00	bis	4639,99	2152,50	1244,89	865,49	551,31	302,33	118,56
4640,00	bis	4649,99	2159,50	1249,89	869,49	554,31	304,33	119,56
4650,00	bis	4659,99	2166,50	1254,89	873,49	557,31	306,33	120,56
4660,00	bis	4669,99	2173,50	1259,89	877,49	560,31	308,33	121,56
4670,00	bis	4679,99	2180,50	1264,89	881,49	563,31	310,33	122,56
4680,00	bis	4689,99	2187,50	1269,89	885,49	566,31	312,33	123,56
4690,00	bis	4699,99	2194,50	1274,89	889,49	569,31	314,33	124,56
4700,00	bis	4709,99	2201,50	1279,89	893,49	572,31	316,33	125,56
4710,00	bis	4719,99	2208,50	1284,89	897,49	575,31	318,33	126,56
4720,00	bis	4729,99	2215,50	1289,89	901,49	578,31	320,33	127,56
4730,00	bis	4739,99	2222,50	1294,89	905,49	581,31	322,33	128,56
4740,00	bis	4749,99	2229,50	1299,89	909,49	584,31	324,33	129,56
4750,00	bis	4759,99	2236,50	1304,89	913,49	587,31	326,33	130,56
4760,00	bis	4766,99	2243,50	1309,89	917,49	590,31	328,33	131,56

Der Mehrbetrag über 4766,99 € ist voll pfändbar.